W0198618

Von Alm zu Alm

im Berchtesgadener Land

Isidor Mühlberger

Druck und Verlag:
Berchtesgadener Anzeiger
Berchtesgaden 2010
Copyright für alle Texte und Idee bei Isidor Mühlberger, Simbach/Inn
Fotonachweis: Isidor Mühlberger
Nationalparkverwaltung Berchtesgaden
Berchtesgadener Anzeiger
1. Auflage 2010
ISBN 978-3-925647-57-4

Vorwort zu diesem Büchlein

Durch einen Senner aus meinem Bekanntenkreis bin ich oft auf dessen Alm gekommen und habe dort eine schöne Zeit verbracht. Dabei habe ich das Almleben richtig kennengelernt. Die Liebe zum Almwandern und zum Einkehren in diese idyllischen Hütten, wo es spezielle Almbrotzeiten mit selbstgemachter Butter, Käse, Quark, Milch und anderen Milchprodukten gibt, ist von mir daraufhin entdeckt worden.
Nachdem ich bereits sämtliche Almen auch im Berchtesgadener Land abgewandert bin und diese auch fotografiert habe, ist mir die Idee gekommen, einen kleinen Almhüttenführer heraus zu bringen. Ich habe dabei auch, soweit es mir möglich war, nach den aufgegebenen und verfallenen Almen, die es nur mehr dem Namen nach gibt und die in alten Land- und Wanderkarten teilweise noch aufgeführt sind, geforscht und diese in meinem Alm- und Hüttenführer erwähnt. Die ungefähre Gehzeit zu den Almen und Berghütten und in dessen Nähe liegenden Ausflugszielen sind darin ebenso aufgeführt wie auch die Bewirtung der jeweiligen Alm angegeben ist. In jeder Alm ist ja eine Einkehr nicht immer und manchmal auch gar nicht möglich.
Erwähnung finden zum Teil auch die in der Nähe dieser Almen liegenden Berggaststätten und bewirtschafteten Berghütten, vor allem jene, die noch dazu die Nachbezeichnung »alm« führen. Außerdem habe ich von den jeweiligen Almen aus auch Wandertouren zu naheliegenden Aussichtspunkten und Berggipfeln aufgeführt, die ich schon abgewandert bin. Die Information zu diesem Alm– und Hüttenführer erhielt ich zum Teil vom jeweiligen Almpersonal, von den Almbauern und auch von den Angestellten in den Gemeinde- und Tourismusämtern, denen ich dafür an dieser Stelle meinen herzlichen Dank aussprechen will.

Isidor Mühlberger

Blühender Almrausch

Die Almwirtschaft im Berchtesgadener Land

Was wären unsere bayerischen Berge ohne Almen, ohne jene grüne Inseln mit dem weidenden Vieh zwischen den ausgedehnten Bergwäldern und den steilen Felswänden. Schnell wäre, würde man diese Viehweideflächen und den Almbetrieb aufgeben, so eine Almfläche verbuscht und die niedrigen Kaser mit Wald zugewachsen. Der Wanderer und Urlauber hätte beim erwandern von Berggipfeln und Hütten nur mehr Waldwege zu durchwandern und Felsensteige zu überqueren. Er würde diese grünen Almmatten vermissen und auch die urigen Almhütten darauf. Die weidenden Rinderherden würden ihm fehlen und auch das melodische Glockengebimmel der Kuhglocken. Es gäbe die bewirtschafteten Almhütten nicht mehr, wo es spezielle Almbrotzeiten mit selbstgemachter Butter, Käse, Quark und frische Kuhmilch gibt. Für den Fremdenverkehr brächte die Aufgabe der Almen ebenfalls große Einbußen und finanzielle Verluste. Nach dem Zweiten Weltkrieg ist die Almwirtschaft in den bayerischen Bergen sowieso schon drastisch zurückgegangen, zum Teil wegen der schwierigen Zugänglichkeit zu den jeweiligen Hütten, oft auch wegen Wassermangel auf diesen Höhen und natürlich auch aus Mangel am passenden Almpersonal. So ein Leben einen ganzen Sommer lang in der Abgeschiedenheit auf einer Alm ist schließlich nicht jedermanns Sache. Außerdem ist hier auch noch ein großer Aufgabenbereich zu bewältigen.

Waren es in der ersten Hälfte des 19. Jahrhunderts noch 75 Almen, die im Gebiet des heutigen Nationalparks Berchtesgaden nachgewiesen werden konnten, so bestanden einige Jahrzehnte nach dem Zweiten Weltkrieg in diesem heutigen Schutzgebiet nur mehr 23 bestoßene Almen. In den letzten Jahrzehnten gab es jedoch bei der Almwirtschaft wieder ein Umdenken dank auch der Fördermittel des Staates. Es wurden bereits aufgegebene Almen wieder beweidet und sogar neue Almkaser erbaut. In den letzten Jahren schwankte die Anzahl der bestoßenen Almen im Landkreis Berchtesgadener Land wieder zwischen 50 - 60 Almen. Allerdings ist zu sagen, daß heute zum Großteil nur mehr Jungrinder aufgetrieben werden, die nicht gemolken werden brauchen. Dies hat für den Almbauern den Vorteil, daß die Alm nicht ständig gewartet werden muß und deshalb auch nicht mehr soviel Almpersonal benötigt wird. Nur auf jenen Almen, wo die Wanderer Brotzeit und Getränke wie Butter, Käse, Quark und frische Milch oder Buttermilch erhalten, werden noch Milchkühe aufgetrieben und gehalten. Die Milch braucht man ja zur Herstellung und Veredelung dieser Produkte.

Auch der Wechsel von einer Niederalm (Niederleger) auf eine Hochalm (Hochleger) wird heutzutage nicht mehr überall praktiziert. Dies ist sowieso nur bei jenen Almbauern möglich, die die Rechte auf zwei, früher sogar auf drei Almen haben oder hatten. In diesem Fall mußte das Almvieh in einem Sommer dreimal wechseln, bei drei Almen, einer Nieder-, einer Mitter- und einer

Hochalm sogar vier bis fünfmal. Den Anfang machte man im Frühsommer mit dem Auftrieb auf die Niederalm, der am niedrigst gelegenen Alm. Wenige Wochen später zieht oder zog die Sennerin oder der Senner mit seiner Herde auf den Mitterleger (Mitteralm oder Mitterkaser) und erst im Hochsommer geht es für einige Wochen auf die Hochalm. War diese abgeweidet, geht es in umgekehrter Reihenfolge wieder zurück auf die Mitter- und zum Schluss nochmals auf die Niederalm, auf der inzwischen das Gras nochmals angewachsen ist. Der Auftrieb auf drei Almen in einem Sommer ist heute nicht mehr üblich, häufiger wird noch auf zwei Almen gewechselt und zwar von der Niederalm auf eine Hochalm, die auch eine frühere Mitteralm gewesen sein könnte. Häufig weiden die Viehherden den ganzen Sommer nur mehr auf einer Weidefläche.

Nach altem Brauch wird ab dem Bartholomäustag, den 24. August, mit dem Herstellen des Viehschmuckes für den Almabtrieb begonnen, falls auf der Alm oder beim Almbauern im Laufe des Jahres kein Unglück geschah. Ende September, - Stichtag ist häufig der Michaelitag am 29. September -, zieht die Sennerin oder der Senner, begleitet vom Personal des Almbauern als Helfer mit der geschmückten Herde ins Tal. Manchmal werden für den Abtrieb heutzutage schon Viehtransporter eingesetzt, das Vieh wird dort also hinabgefahren. Der Almsommer ging somit wieder einmal zu Ende.

Büchsenalm

Almerisches Brauchtum

»Es gibt koa schönres Leben net, als Sennerin im Gebirg, i tausch mit koana Gräfin net, mit all ihrer Pracht und Zier. In aller Fruah, wann d Sonn aufgeht, des is ja wohl a Pracht, da denk i ma a guate Weil, was Gott so schöns hat gmacht«.

Diese erste Strophe eines almerischen Liedes aus meiner Volksschulzeit habe ich bis heute nicht vergessen können. Leider weiß ich die weiteren Liedstrophen nicht mehr, ich wäre deshalb dankbar, wenn mir diese jemand mitteilen könnte.

In dieser ersten Liedstrophe wird das Almleben äußerst romantisch und enthusiastisch dargestellt. Freilich, der Arbeitsplatz einer Sennerin und der eines Senners in dieser herrlichen Berglandschaft ist zweifellos nicht zu überbieten, doch man muss auch die andere Seite dieses Berufszweiges sehen. In dieser stellt sich das friedliche Bild einer intakten Almlandschaft anders dar. Tätigkeiten von früh bis spät bestimmen den Alltag der Senner und der hat mit Romantik und Schwärmerei weniger zu tun. Das Vieh muss versorgt, die Kühe gemolken werden, die Verarbeitung der Milch zu Butter und Käse nimmt viel Zeit in Anspruch, die einkehrenden Wanderer müssen bedient werden. So geht es oft den ganzen Tag, sodass für die Senner wenig Freizeit übrig bleibt. Mit dem Almauftrieb im Frühsommer beginnt das Almjahr. Im Reimmichlkalender ist der Veitstag am 15. Juni als »Almauffahrtstag« verzeichnet. In den bayerischen Bergen wird oft schon, vor allem auf die Niederalmen Ende Mai oder Anfang Juni aufgetrieben, je nachdem, wie sich der Winter gestaltet hat. Am Tag des Auftriebs hängt der Almbauer den Tieren die an Lederriemen befestigten Glocken um den Hals. Diese Kuhglocken sind wichtig, sie verraten durch ihren Klang den jeweiligen Standort der Tiere auf der Alm. Nach einer Besprengung der Rinder mit Weihwasser geht der Auftrieb auf die Alm los. Dazu wird das ganze Hofpersonal und auch andere Helfer als Treiber benötigt, um das Ausweichen mancher Tiere von der Herde zu verhindern.

Angekommen auf der Alm, beginnen für die Sennerinnen und die Senner Wochen der Abgeschiedenheit von der Zivilisation. Man ist auf sich selber angewiesen, nur an den Sonntagen schaut der Almbauer mit seiner Familie auf der Alm vorbei, ob alles in Ordnung ist. Auch einkehrende Wanderer, falls die Alm an einem Wanderweg liegt und bewirtschaftet wird, sorgen für Abwechslung im Alltag der Senner. Meist steht an einer Alm ein christliches Zeichen, ein Kreuz oder ein Heiligenbildstock, damit der göttliche Schutz für die Alm gewährleistet ist. Vor diesen Zeichen der Volksfrömmigkeit finden auf manchen Almen einmal im Jahr Berggottesdienste statt und anschließend ein Almkirtag bei dem für die Besucher besondere Almschmankerl serviert werden.

Geht es dem Spätsommer zu, müssen bereits erste Vorbereitungen getroffen werden für den in einigen Wochen fälligen Almabtrieb. Der Bartholomäustag am 24. August ist jener Tag, an dem mit dem Erstellen des

Weidendes Almvieh

Viehschmucks begonnen werden darf, vorher ist dies nach altem Recht nicht erlaubt. Allerdings wird nur aufgekränzt, wenn auf der Alm oder beim jeweiligen Almbauern im Laufe des Jahres kein Unglück geschah und wenn die Herde wieder vollzählig heimgetrieben werden kann.
Als Stichtag für den Almabtrieb gilt der Michaelitag, der 29. September. Um diesen Tag herum beginnen allenthalben die Almabtriebe, die im Berchtesgadener Land besonders prächtig gestaltet werden. Die Leitkuh, die den Abtrieb anführt, trägt meist ein mit Latschenzweigen und Silberdisteln geschmücktes Kreuz oder Heiligenbild. Die anderen Rinder sind mit sogenannten Fuikeln versehen, das sind Fichtenwipfel mit kronenartig eingebogenen Ästen, die ringsrum mit farbigen Schababandeln und Papierrossetten geschmückt sind. Beim Abtrieb sind wieder das gesamte Personal des Almbauern sowie andere Treiber dabei, damit die Herde unbeschadet im Tal beim Almbauern ankommt.

Almromantik auf einer alten Postkarte

In der Gondel bequem auf die Almen

Großflächige Almmatten überziehen die Jenner Nordseite

Leicht und in nicht allzu langer Geherei sind die Almen an der Jenner Nordseite zu erreichen. Einerseits ist es die Seilbahn, die uns bei der Mittelstation schon sehr nahe an dieses Almgebiet heranbringt, andererseits kann man mit dem Auto oder mit dem Linienbus bis Hinterbrand fahren, von diesem Parkplatz ist die Jennerbahn Mittelstation nur knapp 30 Minuten entfernt.

Wir schlagen also hier den Weg, - eigentlich ist es eine Fahrstraße zu diesen Almen -, in südwestliche Richtung ein. Es geht bequem dahin, man befindet sich bereits auf einer Höhenlage von cirka 1260 Metern. Der Weg führt nahe am Jenner Haus vorbei, das man auch unter dem Namen Dr.-Hugo-Beck-Haus kennt, das links von einem Berghang herabschaut.

Bald gelangen wir an der neuerbauten Almhütte der Wasserfallalm an, wo wir zur Zeit des Weidebetriebes im Frühsommer und Herbst (Niederalm) Brotzeit machen und den Durst stillen können. Unser Weg führt ab hier stark links weiter, geradeaus kämen wir zur Strub- und Priesbergalm. Aussichtsreich steigt nun dieser links

Bildtaferl an der Wasserfallalm

führende Höhenweg an, den Berchtesgadener Talkessel sowie den Untersberg und das Lattengebirge im Blickfeld. Nach einem Waldstück

Die neu erbaute Wasserfallalm

Der Spinnen-Kaser mit dem Hohen Brett im Hintergrund

kommen wir am unbewirtschafteten Spinnenkaser vorbei. Wir unterqueren bald die Jennerseilbahn, deren Gondeln über die zwei Kaser der ebenfalls unbewirtschafteten Vogelhüttenalm schweben.

Bevor der Weg, der noch immer eine Fahrstraße ist, allmählich rechts in das Weitbachtal einbiegt, zweigt vorher links ein leicht zu übersehender Steig ab, der uns in einer halben Stunde von hier zum Krautkaser bringt. Da dieser ebenfalls eine Niederalm ist, die im Frühsommer und Herbst beweidet wird, bekommt man hier nur in diesen Zeiten Brotzeit. Im Hochsommer weiden die Tiere dieser Alm auf der Hochalm, der Königstalalm.

Geht man ab hier wieder zurück und auf der Straße weiter, gelangt man nach gut einer Stunde Gehzeit ab der Jennerbahn Mittelstation zum Mitterkaser. Diese Zwischenalm (Mitteralm) von Nieder- und Hochalm ist

Vogelhüttenalm mit Kehlstein

eine beliebte Brotzeitstation, die von Pfingsten bis Spätherbst durchgehend und während der Skisaison geöffnet hat. Der Jenner ist ja ein bekanntes und beliebtes Skigebiet.
Für den Abstieg nach einer längst wohlverdienten Brotzeit gibt es mehrere Möglichkeiten. Beim kürzesten Rückweg muss man auf dem gleichen Weg, dem Anstiegsweg also wieder eine kurze Strecke zurückgehen und dann nach etwa 20 Minuten Gehzeit den rechten, leicht zu übersehenden Steig einschlagen. Er führt am Krautkaser vorbei und trifft dann später nach etwa einer halben Stunde auf den Weg, der von der Jennerbahn Mittelstation zum Parkplatz nach

Enzian

Kurzinfo für die Jenneralmen

Ort: Berchtesgaden
Ausgangspunkt:
Parkplatz Hinterbrand oder die knapp 30 Minuten entfernte Jennerbahn Mittelstation.
Weglänge: Mittelstation Jennerbahn - Wasserfallalm 20 Minuten, Wasserfallalm - Mitterkaser 45 Minuten, Mitterkaser - Krautkaser 30 Minuten, Krautkaser - Jennerbahn Mittelstation oder Parkplatz Hinterbrand 45 Minuten.
Gipfeltour:
Jennerbahn Mittelstation - Jennergipfel ca. 2 Stunden.
Einkehrmöglichkeiten:
Jennerbahn Mittelstation, Dr.-Hugo-Beck-Haus, Jenner Bergstation, Mitterkaser von Pfingsten bis Oktober und während der Wintersportsaison, Wasserfallalm und Krautkaser während der Almzeiten im Frühjahr und Herbst (Niederalmen).

Mitterkaser am Jenner

Bergmesse auf dem Krautkaser

Hinterbrand führt. Wir sind vom Ausgangspunkt also nur mehr wenige Minuten entfernt. Man kann vom Mitterkaser in einer halben Stunde auch auf die Jenner Bergstation gehen und von dort mit der Seilbahn zurückfahren. Wer noch genügend Zeit und Kondition hat, für den bietet sich der Weg vom Mitterkaser zum Schneibsteinhaus an. Von dort leitet der Almweg an den unbewirtschafteten Königsbergalmen vorbei hinab auf den Weg (Alpenvereinsweg Nr. 497), der von der Priesbergalm zur Jenner Mittelstation führt. An dieser Einmündung gehen wir also rechts. Etwas abseits in einem Talgrund liegen die Königsbachalmen und die Büchsenalm. Auf dem Weiterweg können wir noch im Doppelkaser der Strubalm einkehren, die aber, da es eine Niederalm ist, nur im Frühsommer und Herbst geöffnet ist. Als Gehdauer ab dem Mitterkaser bis zur Jenner Mittelstation kann man etwa 1,5 - 2 Stunden rechnen.

Krautkaser mit Reiteralpe

Wo der Enzian probiert werden kann

Aussichtsreiche Wanderung zu den Priesbergalmen

Der Weg zu diesen Almhütten nimmt seinen Ausgang am besten an der Mittelstation der Jenner Seilbahn oder vom Parkplatz in Hinterbrand aus. Bald nach der Jennerbahn Mittelstation kommt man am Jenner Haus vorbei, dem Dr.-Hugo-Beck-Haus, das links an den Berghang gebaut ist. Der Almweg führt uns dann zur neuerbauten Wasserfallalm, wo man während der Weidezeit Brotzeit und Getränke erhalten kann. An der Wegkreuzung bei dieser Almhütte halten wir uns rechts, genauer gesagt geht es eigentlich geradeaus weiter. Bald haben wir rechts unterhalb des Almweges die Strubalm vor uns, einen Doppelkaser, den zwei Almbauern gemeinsam nutzen und gemeinsam auch die einkehrenden Wanderer verköstigen. Man kann hier jedoch, da es sich um eine Nieder-alm handelt, nur während der Weidezeiten im Frühsommer und Herbst einkehren. Im Hochsommer weiden die Viehherden dieser Alm auf dem Hochleger, auf der Hochalm.

Votivtafel auf der Priesbergbrennhütte

Auf unserem Weiterweg lassen wir rechts unten die Königsbach- und Büchsenalm liegen, die wir ein anderes Mal besuchen wollen. Es sei denn, es ist bei manchem hier schon eine Brotzeit fällig. Dies ist hier ausnahmsweise den ganzen Sommer möglich, obwohl es sich um eine Niederalm

Strubalm am Jenner

Bewirtschaftete Priesbergalm mit Jenner und Schneibstein

handelt. Bald gelangen wir an der Priesberg Brennhütte an, in der zu den Brennzeiten der edle Tropfen des Enzianschnapses erzeugt wird. In diesen Zeiten kann man auch hier einkehren und den »flüssigen Enzian« verkosten.

Nach einem etwas steilen Anstieg und nach einer Gehzeit von etwa 2 - 2,5 Stunden ab der Mittelstation haben wir das am Fuße der Rotspielscheibe und des Fagsteins sich ausbreitende hängige Almfeld der Priesbergalm mit seinen sechs Kasern vor uns. In einigen dieser Hütten gibt es in der Hochsommerzeit Bewirtungen in Form von Almbrotzeiten wie Speck, Käse und anderen Schmankerln. Zum Greifen nahe ist von hier aus der Watzmann und auch der Hundstod grüßt mit seiner von dieser Seite rund aussehenden Kuppe zu den Almen herüber. Die Gehzeit von der Jenner Mittelstation bis hierher beträgt 2 - 2,5 Stunden, es treten dabei keine längeren Steigungen auf.

Von der Priesbergalm ließen sich für konditionsstarke Geher so manche Wegverlängerungen und Rundtouren einplanen. So könnte man von hier aus in etwa 90 - 120 Minuten über den unteren Hirschenlauf die Gotzenalm miteinbeziehen oder zur etwa 60

Das Edelweiß ist im Berchtesgadener Land nur mehr selten anzutreffen

Minuten weit entfernten Gotzentalalm wandern und dann von dieser über die Königsbachalm zum Ausgangspunkt zurückgehen. Eine Möglichkeit wäre auch, von der Priesbergalm über den Stiergraben, das Hochgschirr und den Seeleinsee das Hochplateau des

Votivtafel auf der Priesbergalm

Hagengebirges zu überqueren, vom Schneibstein zum Jenner absteigen und von dort mit der Jenner Seilbahn sich zur Mittelstation abschwingen lassen, zum Ausgangspunkt. Diese ausgedehnte Hochtour, mit insgesamt 6 - 7 Stunden Gehdauer wäre allerdings in umgekehrter Reihenfolge weitaus vorteilhafter.

Kurzinfo Priesbergalmen

Ort: Berchtesgaden

Ausgangspunkt:
Parkplatz Hinterbrand oder die etwa 30 Minuten entfernte Jennerbahn Mittelstation

Weglänge:
Jennerbahn Mittelstation - Wasserfallalm 20 Minuten, Wasserfallalm - Strubalm 20 Minuten, Strubalm - Königsbach- und Büchsenalm 30 Minuten, Königsbachalm - Priesbergalm 1 Stunde

Gipfeltour:
Priesbergalm - Rotspielscheibe (1940 m) 1,5 Stunden

Einkehrmöglichkeiten:
Jenner Mittelstation, Dr.-Hugo-Beck-Haus, Wasserfall- und Strubalm im Frühjahr und Herbst (Niederalm), Königsbachalm Mai - Oktober, Priesbergalm im Hochsommer (Hochalm)

Priesbergalm mit Hundstod und Watzmann

Zwischen Königssee und Schneibstein

An den Westhängen des Jenner liegen verstreut die »Königsalmen«

Sicherlich haben diese Almen ihre Namensvorsilben vom Alpengewässer zwischen Hagengebirge und Watzmann, dem Königssee. Sie befinden sich ja in dessen unmittelbarer Nähe. Die Almtour zu den Königsalmen beginnen wir am besten auf der Bergstation der Jenner Seilbahn, wir verbinden sie also zuvor mit einer bequemen Gondelfahrt. Entweder an der Talstation oder an der Mittelstation der Jennerbahn, zu der wir bis auf einen halbstündigen Anstieg mit dem Auto fahren können, besteigen wir die Gondel und lassen uns lautlos hinaufschweben zu diesem Ausgangspunkt. Von der Jennerbahn Bergstation geht man in Richtung Stahlhaus, lässt diese Berggaststätte jedoch links liegen, falls man nicht vorhat, hier einzukehren. Wir erreichen dann, rechts einschwenkend, das Schneibsteinhaus, ebenfalls eine fast ganzjährig bewirtschaftete Berghütte wie das Carl-von-Stahl-Haus und das Jenner Berghaus. Das abfallende Gelände, auf dem wir uns nun auf einer Forst- und Almstraße fortbewegen, ist mit mehreren Kasern der nicht bewirtschafteten Königsbergalmen rechts und links des Weges versehen. Vom Almgelände leitet uns der Weg in den Wald. Zahlreiche Marterl, meist an Bäumen befestigt, geben Auskunft von verschiedenartigen Unglücksfällen, die hier im steilen Gelände im Laufe der Zeit schon passiert sind. Sie künden von Blitzschlägen, Lawinenunglücken, Bergstürzen und auch von Wilderertragödien.

Königstalalm mit Jenner

Königstalalm im Hintergrund der Schneibstein

Bald zweigt links ein unmarkierter Fahrweg zu den Königstalalmen ab, deren Kaser reizvoll im riesigen Almgelände zwischen Jenner und Rotspielscheibe liegen. Bei ihnen handelt es sich um Hochalmen, die nur im Hochsommer, im Juli und August beweidet werden. In diesen Zeiten kann man hier Brotzeiten und Getränke erhalten. Durch ihre Abgeschiedenheit haben sie jedoch nicht jenen Zulauf wie die anderen Almen, vor allem wie die Königsbachalmen, zu denen uns nun der Weg führt. Der bisherige Alpenvereinsweg Nr. 498 und Nr. 499 mündet nun in den Weg mit der Nummer 497, in den wir uns begeben und rechts weiterwandern. Er führt von der Priesbergalm zur Jennerbahn Mittelstation. Schon nach kurzer Zeit verlassen wir diesen Weg wieder und schwenken links abwärts zu den etwas tiefer liegenden Königsbachalmen.

Königsbachalmen

Königsbergalm am Jenner

Ein Almkaser ist im Königsbachtal von Mai bis Oktober durchgehend bewirtschaftet, obwohl die Königsbachalm eine Niederalm ist. Wir können uns hier hinzugesellen, ergiebig Brotzeit machen und, falls man Glück hat, den Murmeltieren am drüberen Berghang bei ihren Balgereien zusehen. Allerdings wäre dazu ein Fernglas vorteilhaft. An die Almhütten der Königsbachalmen schließen sich hangseitig die nicht bewirtschafteten Büchsenalmhütten an und die ehemalige verfallene Ranneralm.
Als Rückweg können wir den Almweg über die im Frühjahr und Herbst bewirtschaftete Strub- und Wasserfallalm zur Jennerbahn Mittelstation und zu unserem Ausgangspunkt benutzen. Aber auch auf

Almwasserl vom Röhrlbrunnen auf der Königstalalm

Büchsenalm mit Untersberg

dem Hochbahnweg kann man zum Ort Königssee und zur Talstation der Jenner Seilbahn absteigen, je nachdem, wo wir die Gondelfahrt zu dieser Almtour begonnen haben und unser Fahrzeug steht. Natürlich könnte dieser Rückweg auch als Aufstiegsweg erwählt werden. Die gesamte Gehzeit ab der Jennerbahn Bergstation über die Königsberg-, Königstal- und Königsbachalm zurück zum Ausgangspunkt ohne Gondelfahrt beträgt je nach Gehleistung 2,5 - 3,5 Stunden.

Kurzinfo Königsalmen
Ort: Berchtesgaden/Königssee
Ausgangspunkt: Parkplatz Hinterbrand oder Jennerbahn Mittel- oder Bergstation
Weglänge: Jennerbahn Mittelstation - Königsbergalm etwa 2 Stunden, Jennerbahn Bergstation - Königsbergalm 1 Stunde, Königsbergalm - Königstalalm 1 - 1,5 Stunde, Königstalalm - Königsbachalm 1 Stunde, Königsbachalm - Jennerbahn Mittelstation gut eine Stunde
Gipfeltour:
Königsbergalm - Schneibstein (2275 m), 1,5 - 2 Stunden
Einkehrmöglichkeiten:
Jennerbahn Mittel- und Bergstation, Mitterkaser Pfingsten bis Oktober und während der Wintersportsaison, Königstalalm im Hochsommer (Hochalm), Wasserfall- und Strubalm im Frühjahr und Herbst (Niederalmen), Königsbachalm Sommer (Niederalm) außerdem das Dr.-Hugo-Beck-Haus

Am Fuße des steinerstarrten Königs

Zu den Almen an der Watzmann Nordseite

Man gelangt zu den Almen an der Watzmann Nordseite unter anderem vom Ramsauer Ortsteil Wimbachbrücke aus. Man überquert dabei zuerst die Ramsauer Ache, um den Parkplatz zu erreichen. Der Weg führt uns nun über die Brücke ans andere Ufer der Wimbach, es sei denn, man will in diese Tour auch noch die eindrucksvolle Wimbachklamm mit ihren Brücken und Stegen miteinbeziehen. In diesem Falle bleibt man an der herüberen Wimbachseite und überquert das Flüsschen erst hinter der Klamm. Ein links abzweigender Weg bringt uns dann bald wieder zum Watzmannweg, zum Alpenvereinsweg mit der Nr. 441.

Nun geht es ständig durch den Wald und stets aufwärts. Ein erster Lichtblick nach dem bisherigen, schattigen Waldweg ist die links des Weges gelegene Stubenalm. Etwas weiter bergwärts kommt nach einiger Zeit die auf der linken Seite sich befindliche Lahneralm und rechts, ebenfalls etwas weiter vom Steig entfernt die Grubenalm sowie die verfallene Gugel- und die Schüttalm.

Nach gut zwei Stunden Gehzeit haben wir die zur Almzeit bewirtschaftete Mitterkaseralm vor uns, früher ein Mitterleger (Mitteralm), wie es ja der Name ausdrückt. Nun ist auch Zeit für eine Rast- und Brotzeit. Dies ist später nur mehr entweder auf der entfernten Kührointalm oder am 1914 Meter hochgelegenen Watzmannhaus möglich. Die dazwischen gelegene Falzalm, an der wir ebenfalls vorbeikommen, ist unbewirtschaftet.

Gut trainierte Berggeher schließen auch das Watzmannhaus noch in diese Tour ein, man braucht dazu ab der Wimbach-

Stubenalm am Watzmann

brücke 3 - 4 Stunden. Für viele extreme Bergwanderer ist dieses Unterkunftshaus der Alpenvereinssektion München auf dem Falzköpfl Zwischenstation oder Übernachtungsherberge für eine Watzmannüberschreitung. Dabei werden die drei Gipfel überquert, das Hocheck mit 2651 Metern Höhe sowie die Mittelspitze (2713 m) und die Südspitze, die nur einen Meter niedriger ist. Der Rückweg dieser Hochgebirgstour erfolgt im Falle der Überquerung über die Wimbachgrieshütte durchs Wimbachtal und Wimbachschloß zurück zum Ausgangspunkt an der Wimbachbrücke. Als Gesamtgehzeit darf man bei dieser Überschreitung schon an die 10 - 12 Stunden Gesamtgehzeit einplanen.

Kurzinfo Watzmannalmen

Ort: Ramsau

Ausgangspunkt:
Ortsteil Wimbachbrücke

Weglänge:
Wimbachbrücke - Stubenalm 1,5 Stunden, Stubenalm - Mitterkaseralm 1 Stunde, Mitterkaseralm - Falzalm 30 Minuten,
Falzalm - Watzmannhaus
60 - 90 Minuten

Gipfeltour: Watzmannhaus - Watzmannhocheck (2657 m)
2 - 3 Stunden

Einkehrmöglichkeiten:
Gasthaus in Wimbachbrücke, Mitterkaser im Sommer und von Pfingsten bis September/Oktober das Watzmannhaus.

Watzmanngruppe

Im Bannkreis des Kleinen Watzmann

Wanderung über die Schapbachalmen nach Kühroint

Ihren Ausgangspunkt nimmt die Wanderung über die Schapbachalmen nach Kühroint an der Bushaltestelle Kramerlehen in Oberschönau bei Berchtesgaden. Jene, die nicht mit dem Bus anreisen, sonden mit dem eigenen Pkw, können sich knapp zwei Kilometer Strecke sparen, wenn sie bis zum Ortsteil Hammerstiel fahren und dort ihr Fahrzeug abstellen.

Eigentlich ist es bis zur Schapbachalm kein Wanderweg im wörtlichen Sinne, sondern eine Forst- und Almstraße. Doch da diese für den öffentlichen Verkehr nicht zugelassen und deshalb auch kein Verkehrsaufkommen zu befürchten ist, kann man gefahrlos auf ihr dahinmarschieren. Es geht ziemlich steil dem Schapbachtal entlang durch lauschige Bergwälder. An der Schapbach Holzstube bleibt der Wald zurück und wir treten ein ins weite Almfeld der Schapbachalmen. Zu den zwei Kasern hin wird der Weg nun etwas flacher. Malerisch liegen diese am Berghang der Almmatten.

Vielleicht ist hier bei manchen schon eine kleine Rast oder gar ein kleiner Imbiss fällig. Beide Hütten sind ja während der Zeit des Almbetriebs bewirtschaftet. Die Schapbachalmen sind Niederalmen, die Rinder weiden hier im Frühsommer und im Herbst, im Hochsommer werden sie auf die Hochalm getrieben, auf die Kühröintalm.

Hat man diese Almidylle hinter sich, steigt der Weg wieder an. Bald teilt er sich, geht man rechts, würde man im Wald auf den Falzsteig stossen, der die Kühroint- mit der Falzalm verbindet. Wir bleiben auf dem linken Weg. Nach etwa zweieinhalb Stunden Gehzeit ab Hammerstiel ist

Schapbachalmen

Kührointalmen mit Kehlstein, Göll und Brett

schließlich das Almziel auf Kühroint erreicht. Mehrere Kaser beleben diese weite und ziemlich ebene Almfläche, sowie ein Gebäude des Bundesgrenzschutzes, ein Bergkirchlein und eine Einkehrstätte. Nun dürfte längst auch eine Brotzeit fällig sein, die wir bei schönem Wetter natürlich im Freien auf der Terrasse der Hütte einnehmen. Hier haben wir den schönsten Blick auf die Watzmannmassive, den Großen und den Kleinen Watzmann vor uns.

Auch der Gedenkstätte, für die in den Bergen verunglückten Bewohner dieser Gegend, sollten wir einen Besuch abstatten. An den Seitenwänden des Kühroint Kirchleins sind Metalltafeln in Form von Buchseiten angebracht mit den eingravierten Namen sämtlicher Bergopfer. Alle Bergtoten, die in den Berchtesgadener Alpen umkamen, aber auch jene Berchtesgadener, die in anderen Alpengebieten den Tod fan-

Kührointalm mit Bergkirchlein

Mitterkaser am Watzmann

den, wurden in mühevoller Arbeit erfasst und zusammengetragen. Weit über 1200 Bergopfer sind hier verewigt.

Von Kühroint aus lassen sich für konditionsstarke Geher noch verschiedene Ziele erstreben. Vor allem sollte man den knapp einstündigen Marsch zur Archenkanzel nicht scheuen. Von diesem 1342 Meter hochgelegenen Aussichtspunkt über der Brentenwand bietet sich ein atemberaubender Tiefblick auf die Wasserfläche des Königs- und des Obersees. Ein Klettersteig führt hier in der Nähe hinab zu diesem See, in gut einer Stunde ist auf dem Rinnkendlsteig die Halbinsel St. Barthołomä erreicht. Eine Rückfahrt mit dem Schiff ans Königsseeufer und von dort zu Fuß oder mit dem Linienbus zum Ausgangspunkt Oberschönau oder Hammerstiel würde diese einmalige Tour abrunden.

Falzalm mit kleinem Watzmann

Auf halbem Weg zwischen Kühroint und Archenkanzel zweigt rechts ein

Felsenaurikel am Watzmannhaus

leicht zu übersehender Steig ab, der in etwa 1,5 Stunden Gehzeit steil zum Mooslahner Gipfel (1815 m) hinaufführt. Von diesem Vorgipfel des Kleinen Watzmann hat man einen umfassenden Blick auf das Hagengebirge, auf die Röth, den Hochkönig und auf das Steinerne Meer. Kühroint ist für manchen Berggeher auch Zwischenstation für eine Watzmannüberschreitung. Dazu geht es vorerst auf dem Falzsteig zum Watzmannhaus, wo man übernachten kann. Die Überschreitung über die drei Gipfel bis ins Wimbachtal oder nach Hammerstiel nimmt an die 7 - 8 Stunden in Anspruch.
Weniger erstiegen wird dagegen von Kühroint aus der Kleine Watzmann (2307 m). Auch bei dieser Tour muss man ausdauernd und schwindelfrei sein, zumindest merkt man dies, wenn man am sogenannten »Gendarm« ankommt, einer sehr ausgesetzten Stelle. Auch die zweistündige Gehzeit von Kühroint aus zu diesem Gipfel muss bedacht werden, schließlich ist auch noch der Rückweg zu bewältigen.

Kurzinfo
Schapbach- und Kührointalm

Ort: Schönau am Königssee
Ausgangspunkt: Schönau oder Ortsteil Hammerstiel
Weglänge: Hammerstiel - Schapbachalm 1 Stunde, Schapbachalm - Kühroint 1 - 1,5 Stunden, Kührointalm - Aussichtspunkt Archenkanzel etwa 30 Minuten.
Gipfeltour: Kührointalm - Mooslahner 1,5 Stunden
Einkehrmöglichkeiten:
Gasthäuser in Schönau, im Frühjahr und Herbst auf der Schapbachalm und im Sommer während der Almzeit auf der Kührointalm

Watzmannhaus

Auf dem Boot zu entlegenen Almen

Salet- und Fischunkelalm liegen an malerischen Seeufern

Diese Almen sind, es sei denn, man nimmt große Umwege über die Berghöhen in Kauf, nur über die Wasserfläche des Königssees zu erreichen. Bei der Fischunkelalm muss auch noch am Obersee entlang gewandert werden, schließlich befindet sich diese Alm am hinteren Ende dieses Gewässers. Nach der knapp einstündigen Schifffahrt gelangt man vorerst am südlichen Ende des Königssees, der Bootshaltestelle Salet an. Ein kurzes Stück müssen wir noch am Seeufer entlang wandern, dann steht man plötzlich vor der Ausflugsstätte, die den gleichen Namen führt wie die südwärts am Fuße der Sagerecker Wand gelegene Alm. Von Mitte Mai bis Ende Oktober ist das Personal dieser Seegaststätte um das Wohl der Bergwanderer und Ausflügler bemüht. Spezielle Almbrotzeiten wie selbstgemachte Butter, Käse sowie almeigene Milch oder Buttermilch gibt es dagegen während der Sommermonate am Doppelkaser der Saletalm, am Moos- und Rennerkaser. Nur etwa 20 Minuten ist dieser von der Schiffsanlegestelle in Salet entfernt.

Almkreuz auf der Saletalm. Im Hintergrund die Teufelshörner.

Doppelkaser der Saletalm

Fischunkelalm am Obersee

Durch lichten Laub- und Auenwald und am kleinen Mittersee vorbei führt uns der Weg nach einer halben Stunde Gehzeit ans Ufer des Obersees. Ein Bergsturz im Jahre 1172, verursacht durch ein schweres Erdbeben, so meldet es die Chronik, hat den hinteren Teil des Königssees, den heutigen Obersee vom Hauptgewässer abgetrennt. Das Stück Land zwischen beiden Seen besteht also aus Tausenden von Felstrümmern, über die sich im Laufe der Jahrhunderte auf der darauf abgelagerten Humusschicht eine üppige Vegetation aus Wildwuchs und Auengehölz angesiedelt hat. Es wird vom Seeabfluss des Obersees durchflossen.

Am Obersee geht der Seeuferweg teilweise steil und drahtseilgesichert am Steilufer hoch über der Wasserfläche dahin. Diesen Felsensteig müssen auch die Rinder der Fischunkelalm im Frühsommer und Herbst

Fischunkelalm am Obersee

Zeit zum Melken auf der Fischunkelalm

bei ihrem Auf- und Abtrieb absolvieren. Allmählich leitet dieser Pfad dann über zum Almfeld der reizvoll gelegenen Fischunkelalm. Auch hier kann zur Zeit des Weidebetriebes, vom Frühjahr bis zum Herbst gemütlich eingekehrt und bei der Sennerin eine delikate Almbrotzeit bestellt werden.

Wer hinterher noch über genügend Kondition verfügt, kann einen halbstündigen Verdauungsspaziergang zum hinteren Almfeld unternehmen. Dort stürzen aus der Röthwand mit Gebraus die Wassermassen des Röthbaches 470 Meter herab, ein sensationelles Schauspiel, das man sich nicht entgehen lassen sollte. Seinen Namen hat dieser Bach und der Gebirgsteil Röth vermutlich von seinen rötlichen Gesteinsschichten, die an den Wandfluchten teilweise zutage treten.

Ausdauernde Bergwanderer können von hier über den Röthsteig oder über den weniger ausgesetzten aber etwas längeren Landtalsteig auch noch zur 1416 Meter hochgelegenen Wasseralm am Fuße der Teufelshörner aufsteigen. Vom Wasserfall bis zu dieser Almhütte geht man knappe zwei Stunden. Auch hier war einmal ein Almgebiet, der Kaser dort legt davon Zeugnis ab. Heute ist die Wasseralm, die ihren Namen wohl von den feuchten Almgründen hat, eine un-

Kurzinfo
Saletalm, Fischunkel
- und Wasseralm

Ort: Dorf Königssee
Ausgangspunkt: Bootssteg Salet
Weglänge: Bootssteg Salet - Saletalm 20 Minuten, Bootssteg Salet - Fischunkelalm 1,5 Stunden, Fischunkelalm - Röthbach Wasserfall 30 Minuten,
Bootssteg Salet - Wasseralm 3,5 - 4 Stunden
Gipfeltour: Wasseralm - Teufelshörner 3,5 - 4 Stunden
(Großes Teufelshorn 2362 m),
(Kleines Teufelshorn 2283 m)
Einkehrmöglichkeiten:
Gaststätte Saletalm, Saletalm Doppelkaser und Fischunkelalm Juni-Oktober

bewirtschaftete Unterkunftshütte für jene Bergwanderer, die in zwei Tagesettappen die Teufelshörner besteigen wollen. Wer hier heroben Glück hat, kann Steinböcke zu Gesicht bekommen. Reichsminister Göring, der hier eine Jagdhütte besaß, ließ dieses Hochgebirgswild vor dem Zweiten Weltkrieg in der Röth einsetzen. Die Gehzeit von der Schiffsanlegestelle Salet bis zur Fischunkelalm beträgt etwa 2 Stunden, bis zur Wasseralm ab Salet muss man fast vier Stunden rechnen. Die Gipfel der beiden Teufelshörner nehmen ebenfalls jeweils an die vier Stunden Gehzeit ab der Bootsanlegestelle Salet in Anspruch.

Röthbach Wasserfall

Zu den ehemaligen Almen über dem Königssee

Interessante Steige führen zur Klingeralm und zur Grünsteinhütte

Bei dieser Alm- und Bergtour, die eigentlich nur mehr zu aufgelassenen Almen führt, ist erneut das Ufer des Königssees Ausgangspunkt. Diesmal jedoch beginnt der Start nicht mit einer Bootsfahrt über den See, wie bei mehreren, anderen Wandertouren im Berchtegadener Land, sondern auf Schusters Rappen. Es geht vorerst rechts am Seeufer entlang bis zur Triftklause. Dort wird auf der überdachten Brücke über der Seeklause die Königsseer Ache überquert, der Seeabfluss. An der drüberen Seite geht es ein Stück links, dann rechts und kurz darauf abermals links weiter. Ab der Wegweisertafel, die zur Kührointalm und zur Grünsteinhütte zeigt, folgen wir der Beschilderung zur Grünsteinhütte. Nach einiger Zeit zweigt links ein Weg ab, er würde uns nach wenigen Minuten zur ehemaligen Klingeralm führen. Auch zur Kührointalm käme man auf diesem Weg nach etwas längerer Gehzeit, ebenso zur längst schon aufgelassenen Falkensteinalm und zur Herrenrointhütte.

Wir gehen ab hier den rechten Weg über den Klingergraben, der sehr interessant und aussichtsreich ist und gelangen nach etwa einer Gesamtgeh-

Kurzinfo Klingeralm und Grünsteinhütte

Ort: Dorf Königssee
Ausgangspunkt: Königsseeabfluss
Weglänge: Königsseeufer - Grünsteinhütte 1,5 Stunden
Gipfeltour: Grünsteinhütte - Grünsteingipfel 20 - 30 Minuten
Einkehrmöglichkeiten: Gasthäuser am Königssee und zur Sommerzeit in der Grünsteinhütte

Grünsteingipfel

Grünsteinhütte

zeit von eineinhalb Stunden ab dem Königssee an der Grünsteinhütte an. Diese beliebte Berggaststätte hat im Sommer großen Zulauf. Auch wir lassen uns hier nieder, bestellen uns eine Brotzeit und genießen die Aussicht, die sich von hier bietet. Dann erst wird der felsige Gipfelweg, der auch als Teststrecke ausgestattet ist, absolviert. In 20 - 30 Minuten schaffen wir diesen kreuzbekrönten Gipfel. Die Sicht reicht von hier ins Berchtesgadener Tal und gegenüber auf die Watzmanngruppe.

Als Rückweg würde sich auch der Abstieg ins Schapbachtal, nach Hammerstiel und nach Schönau anbieten. Von dort könnte dann mit dem Wanderbus zum Parkplatz am Königssee, zu unserem Ausgangspunkt also, zurück gefahren werden.

Klingeralm am Grünstein

Auf altem Wallfahrerweg zu ehemaligen Kasern

Das Almgebiet am Funtensee ist nur mehr Erinnerung

Zu diesem ehemaligen Almgebiet auf der Höhe des Steinernen Meeres gelangen wir von der Halbinsel St. Bartholomä aus am Königssee, die wir vom nördlichen Königsseeufer in einer halben Stunde mit dem Ausflugsschiff erreichen. Vor der Wallfahrtskirche geht der Weg vorerst in südlicher Richtung ein Stück am Seeufer entlang. Nach Überqueren des Eisbachdeltas schwenkt der Weg allmählich ein in die Steilwand über dem See. Wir gehen auf dem alten Wallfahrerweg, den alljährlich am Wochenende vor oder nach dem Bartholomäustag im August Hunderte von Pilgern seit über 320 Jahren von Maria Alm im österreichischen Pinzgau aus auf ein Pestgelöbnis hin nach St. Bartholomä nehmen.

Bald gewinnt der Weg an Höhe, wir erreichen die Schrainbach Holzstube, wo sich einmal die Schrainbachalm befand. Nach einiger Zeit zweigt rechts der Steig zur Sigeretplatte, zum Trischübelpass und zur Wimbachgrieshütte ab. Auch dieses Gebiet war einmal ehemaliges Almland mit der Sigeret- und der Trischübelalm sowie der Griesalm, aus der die Berggaststätte, die Wimbachgrieshütte hervorging. Wir gehen den linken Steig weiter, an der verfallenen Unterlahneralm vorbei und nähern uns der berüchtigten »Saugasse« mit sei-

Almhütte im Funtenseegebiet

Kärlinger Haus am Funtensee

nen über ein Dutzend Serpentinen. Sie leitet uns über die Wand auf die Höhe der ehemaligen Oberlahneralm. Am Bärengraben entlang zieht sich der Alpenvereinssteig mit der Nummer 412 noch endlos dahin, bis endlich nach 3 - 4 Stunden Gehzeit das 1630 Meter hoch gelegene Kärlingerhaus am Funtensee erreicht ist. Von Juni bis September kann man hier einkehren und eventuell auch übernachten. Das Berghaus ist eine Gaststätte und eine Unterkunftshütte der Berchtesgadener Alpenvereinssektion für Bergwanderer und Tourengeher.

Nur wenige Schritte sind es von hier hinab zum Funtensee und zur sagenumwobenen Teufelsmühle, dem geräuschverursachenden unterirdischen Seeabfluss. Dort anschließend dehnt sich das ehemalige Almgebiet

Erinnerungstafel an das Almleben am Funtensee

der Funtenseealmen, des Moos- und Kressenkasers, des Renner- und Hanottenkasers aus. Einige Hütten trifft man auf dieser malerischen Höhe noch an. Hier befindet sich auch eine Tafel, die mit folgenden Worten an die einstige Almweidezeit am Nordende des Steineren Meeres erinnert: »Ein stilles Gedenken an all jene, denen das Funtenseegebiet eine so schöne Arbeitsstätte war.« Vom Kärlingerhaus kann man in etwa 1 - 2 Stunden Gehzeit mehrere Berggipfel erklimmen, so den Funtenseetauern mit 2579 Metern, den Viehkogel (2158 m), den Feldkogel (1886 m), den Glunkerer (1932 m) sowie den Hirsch (1992 m), in dessen Nähe einst die Schönbichl- und die Bärenlochalm standen.

Kurzinfo Funtenseealmen

Ort:
Dorf Königssee
Ausgangspunkt:
Schiffanlegestelle St. Bartholomä
Weglänge:
St. Bartholomä - Funtenseegebiet 3,5 - 4 Stunden
Gipfeltour:
Funtensee - Feldkogel 2 Stunden
Einkehrmöglichkeiten:
Ausflugsgaststätte St. Bartholomä und Kärlingerhaus im Sommer von Juni bis September bzw. Oktober

Einer der ersten Frühlingsboten auf der Alm ist die Schneerose

Zur ältesten Alm im Berchtesgadener Land

Von der Schiffshaltestelle Kessel zur Gotzen- und Regenalm

Zu den entferntesten Almen des Berchtesgadener Landes zählt zweifellos auch die Gotzen- und Regenalm. Um zu ihnen auf kürzestem Weg zu gelangen, nimmt man am besten eine kurze Schifffahrt auf dem Königssee in Kauf. Man beansprucht das Ausflugsschiff nur bis zur ersten Haltestelle der Königsseeschifffahrt, zum sogenannten Kessel. Diese wird jedoch nur auf Wunsch angefahren, das Schiff hält also hier nicht regelmäßig, sondern nur bei Bedarf. Auch an dieser Stelle befand sich einmal ein Weidegebiet mit einer Almhütte, wie eine Zeichnung von der Kesselalm aus dem 19. Jahrhundert von J. Strudt zeigt.

Vom Kessel aus beginnt unsere drei- bis vierstündige Almwanderung über die Gotzental- und Seeaualm zur Gotzenalm. Dabei sind fast 1000 Höhenmeter zu bewältigen. Wem dies zuviel ist, der kann mit dem Auto zum Großparkplatz nach Hinterbrand fahren oder mit der Jenner Gondelbahn bis zur Mittelstation und von dort über die Wasserfall-, Strub- und Königsbachalm zur Gotzentalalm gehen, wo sich die beiden Wegstrecken wieder vereinigen. Der Höhenunterschied ist bei dieser Tour zwar um etwa 400 Meter niedriger, dafür aber ist die Wegstrecke um einiges länger.

Bis zur Gotzentalalm, wo von den vier Hütten zur Weidezeit im Frühjahr und Herbst eine bewirtschaftet ist, geht man von der Jenner Mittelstation an die zweieinhalb Stunden, vom Kessel schafft man dies in eineinhalb Stunden. Das nächste Almziel, das wir auf einer waldigen Strecke in 45 Minuten vor uns haben, ist die aufgelassene Seeaualm unterm 1505 Meter hohen Seeaukopf. Ab der Gotzentalalm, einem Niederleger der Gotzen-

Gotzentalalmen

Gotzenalmen mit den Teufelshörnern und Steinernem Meer

alm können wir die Almstraße als Wanderweg benutzen. Sie führt uns in teilweise großen Steigungen und Kehren immer höher hinauf, bis wir nach abermals 45 Minuten Gehzeit ab der Seeaualm das weite Almplateau der Gotzenalm mit seinen verstreut liegenden Kasern im Blickfeld haben.

Hier gibt es endlich auch eine lang ersehnte Einkehrmöglichkeit, falls im Kaser der Gotzentalalm dies nicht möglich war. Der Springlkaser, eine bewirtschaftete Unterkunfts- und Berghütte hat von Juni bis Anfang Oktober durchgehend geöffnet, obwohl es sich bei ihm um eine Hochalm handelt. Im Juli und August weidet hier das Vieh der Niederalm vom Gotzental. Brotzeit und Milch erhält man auf der »Gotzen« im Hochsommer aber auch im Ruppenkaser.

Die 1658 Meter hochgelegene Gotzenalm zählt zu den ältesten Almen des Berchtesgadener Landes. In einem Güterverzeichnis vom Jahre 790 ist zu lesen, dass Bayernherzog Theodo dem Salzburger Bischof unter anderem die Alpe Gauzo (Gauzenalm-Gotzenalm) vermachte. Der wohl

Gotzenalm: Im Hintergrund das Steinerne Meer

Motiv von der Gotzenalm

herrlichste Blick auf den König Watzmann bietet sich von dieser Almlandschaft aus. Gegenüber erheben sich die Gotzentauern, in dessen Nähe sich einst die Rossalm befand. Das hohe Laafeld unweit davon, auf dem noch im Jahre 1951 Rinder weideten, war einst die Hochalm der Regenalm. Sein Gipfelzeichen, ein Marienbildstock gab der nördlich abfallenden Frauenwand wohl seinen Namen. Majestätisch sieht man von hier aus die Teufelshörner in den Horizont ragen. Man sollte auch noch zur etwa 15 Minuten entfernten Aussichtskanzel am Feuerpalven wandern, um den einmaligen Tiefblick hinab zum blauen Königssee, zur Halbinsel St. Bartholomä und zur, mit roten Kuppeldächern versehenen, Wallfahrtskirche zu erhaschen.

Von der Gotzenalm bietet sich die Möglichkeit an, den gut einstündigen, ziemlich ebenen Maximilian-Reitweg

Regenalm mit Watzmann

Almwiese auf dem hohen Laafeld

zur Regenalm in Kauf zu nehmen. Diese nicht bewirtschaftete Alm ist noch ein sogenannter Rundumkaser, die schon sehr selten geworden sind. Der Aufenthalts- und Schlafraum der Senner ist in diesem Almgebäude rundum (darum Rundumkaser) von den Viehstallungen umgeben. Nur durch eine Dachluke wird er spärlich erhellt.

In etwa zwei bis drei Stunden Gehzeit kann man von der Regenalm über die

Marterl auf der Regenalm

ehemalige Kauneralm und die Kaunerwand über den treppenreichen Kaunersteig zur Saletalm am Königssee absteigen und von dort den Rückweg mit dem Schiff zum Ausgangspunkt nehmen. Diese einmalige Rundtour erfordert natürlich Kondition und Ausdauer, schließlich ist man dabei 6 - 7 Stunden unterwegs. Wer von der Gotzenalm den gleichen Weg wieder zurück zur Schiffsanlegestelle Kessel absteigen will, verkürzt sich die Gehzeit, Hin- und Rückweg miteingerechnet auf etwa 5 - 6 Stunden.

Kurzinfo Gotzental-, Gotzen- und Regenalm

Ort: Dorf Königssee
Ausgangspunkt: Königssee Schiffshaltestelle Kessel
Weglänge: Kessel - Gotzentalalm 1,5 Stunden, Gotzentalalm - Seeaualm ca. 45 Minuten, Seeaualm-Gotzenalm 45 - 60 Minuten, Gotzenalm - Regenalm 1 Stunde, Regenalm - Bootsanlegestelle Salet ca. 1,5 - 2 Stunden
Gipfeltour: Gotzenalm - Gotzentauern (1858 m) 1 Stunde
Einkehrmöglichkeiten: Gotzentalalm zur Almzeit im Frühjahr und Herbst, Gotzenalm im Springlkaser den ganzen Sommer, im Ruppenkaser im Hochsommer, Saletalm und Gasthaus Salet von Mai - Anfang Oktober

Zu den Steinböcken in der Röth

Im Umkreis der Wasseralm war einst ein großes Almgebiet

Zur Wasseralm geht man vorerst auf dem gleichen Weg, wie bereits an anderer Stelle beschrieben zur Salet- und Fischunkelalm. Mit dem Boot über den Königssee erreicht man am hinteren Ende des Sees den Bootssteg der Schiffshalte-

Blühender Almrausch

stelle und dann geht es zu Fuß vorbei an der Gaststätte Saletalm zum Obersee und zur Fischunkelalm. Über der ansteigenden Almfläche dieser Alm gelangt man am hinteren Almfeld in die Nähe des 470 Meter wild herabstürzenden Röthbaches und an den Fuß der Röthwand. Diese dürfte ihren Namen sicherlich von den rötlichen Gesteinsschichten dieser Wand haben. Nach der Überquerung des Baches teilt sich der Weg, der rechte, der kürzere Röthsteig ist etwas ausgesetzter als der links abzweigende Landtalsteig.

In 3,5 - 4 Stunden Gehzeit ab Salet ist das feuchte Almgebiet der Wasseralm auf 1416 Metern Höhe erreicht. Die niedrige, hölzerne Hütte, die das Forstamt Berchtesgaden 1951 neu erbauen und mit 15 Schlafplätzen ausstatten ließ, ist heute eine Bergsteigerunterkunft. Im Sommer wird sie bewartet, ansonsten gilt sie als Selbstversorgerhütte mit erlaubter, einmaliger Übernachtung. Falls man

Wasseralm in der Röth

Wasseralm in der Röth im Hintergrund die Teufelshörner

von hier aus die Teufelshörner in 2663 Metern Höhe besteigen will, ist hier eine Übernachtung notwendig. An einem Tag würde man diese etwa vierstündige Gipfeltour wegen des spät einsetzenden Schiffsverkehrs, da ja bereits der Weg zur Wasseralm schon an die vier Stunden Gehzeit in Anspruch nimmt, kaum schaffen.

Wer Glück hat, der kann in diesem Umkreis noch Steinböcke beobachten. Reichsminister Göring, der hier in der Nähe eine Jagdhütte sein Eigen nannte, hat dieses Rotwild vor dem Zweiten Weltkrieg hier heroben ausgesetzt. Die Röth war ein sehr fruchtbares, großes Almweidegebiet, wie die Namen dieser zahlreichen Almplätze heute noch beweisen. Doch der stundenlange und schwierige Weg dort hinauf machte den Weidebetrieb auf dieser Höhenlage schon frühzeitig unrentabel.

So gab es nordöstlich der Wasseralm die untere und obere Röthalm, die Hanauerlaubalm, die Landtal- und Mitterhüttenalm, die Bärensunk-, die Hocheck-, die Sonntags- und die Kahlersbergalm. Südlich der Wasseralm befanden sich die Schabaualm, die Neuhütt- und Wildalm, im Westen die Walchhütten- und die Kronalalm und nochmals weiter westlich die Grünsee-, die Hals-, die Simetsberg- und die Sagereckalm. Schon vor dem Ersten Weltkrieg wurden viele dieser Almen wegen der zu weiten Entfernung vom Gehöft aufgegeben. Die Natur hat diese Almflächen und die Reste dieser Almhütten zum Großteil schon überwuchert.

Kurzinfo Wasseralm

Ort: Dorf Königssee

Ausgangspunkt:
Bootsanlegestelle Salet

Weglänge:
Bootssteg Salet - Obersee 20 Minuten, Obersee - Fischunkelalm 1 Stunde, Fischunkelalm - Röthbachwasserfall 30 Minuten, Röthbach Wasserfall - Wasseralm 1,5 - 2 Stunden

Gipfeltour: Wasseralm - Großes und Kleines Teufelshorn (2362 m und 2283 m) ungefähr 3,5 - 4 Stunden

Einkehrmöglichkeiten: Gasthaus Saletalm, Salet- und Fischunkelalm nur im Sommer während der Almzeit

Wandern unter der mächtigen Göllwestwand

Von Scharitzkehl zur Ligerethütte

Zur Scharitzkehlalm im Endstal gelangt man ohne viel Geherei in wenigen Minuten, wenn man auf der nach Hinterbrand führenden Höhenstraße von Berchtesgaden kommend einige Kilometer vor dem großen Parkplatz in Hinterbrand links in ein Sträßlein mit einer weiten, ebenen Wiesenfläche einbiegt. Neben dieser Zufahrtsstraße zur Scharitzkehlalm kann man an mehreren Stellen das Auto abstellen. In ein paar Minuten steht man vor dieser im Sommer geöffneten Berggaststätte und vor der ehemaligen Alm. Auf dem Weiterweg, falls man hier nicht jetzt schon einkehrt, erreichen wir, auf dem befestigten Sträßlein bleibend und an der Scharitzkehl Gaststätte vorbeigehend, bald den Wald. Hier gibt uns ein an einem Baum befestigtes Marterl Auskunft über ein Wildererdrama. Die Schrift auf diesem Taferl ist zwar schon unleserlich, jedoch an Hand des noch gut erkennbaren, farbigen Gemäldes kann man feststellen, dass hier ein Jäger von einem Wildschützen erschossen wurde. Auf dem Weiterweg passiert man einen kleinen

Herbstenzian

Scharitzkehlalm mit Göll-Westwand

Die ehemalige Ligeretalm, heute Forsthütte

Wasserfall, geht dann ein kurzes Stück an einem Bach entlang, bis die Straße eine starke Linkskurve macht. Wir bleiben auf ihr, kommen an einem hölzernen Jägertaferl vorbei und erreichen an Höhe. Nun wird der Blick frei, wir erkennen den Hundstod, Watzmann Hochkalter und Reiteralpe. Ziemlich eben geht es nun dahin. Bei einer kleinen Wiesenfläche zweigen wir links von der Straße ab und stehen plötzlich vor der Ligerethütte, zu der wir ab Scharitzkehl ungefähr eine Stunde Gehzeit brauchten. Ursprünglich war auch das Ligeret eine Alm, die Hütte war ein sogenannter Rundumkaser, wie man noch erkennen kann. Im Jahre 1952 sollen hier das letzte Mal im Sommer Rinder geweidet haben, dann holten Wildwuchs und Wald die Almflächen zurück. Die Hütte ging an den Forst über, der sie an den Alpenverein verpachtete.

Als Rückweg wählen wir den links von der Hütte hinab führenden Steig, der uns in einer halben Stunde zur Scharitzkehlalm bringt. Von der Ligerethütte ist auch eine Tour auf den 1837 Meter hohen Kehlstein möglich. Ungefähr in gut 90 Minuten wäre das bewirtschaftete Kehlsteinhaus mit seiner großartigen Fernsicht erreichbar. Von dort hätte man die Möglichkeit, mit dem Kehlstein Linienbus zum Obersalzberg zurückzufahren und von dort mit dem Wanderbus bis zur Haltestelle Scharitzkehl.

Kurzinfo
Scharitzkehl- und Ligeretalm

Ort: Berchtesgaden
Ausgangspunkt:
Parkplatz neben der Hinterbrandstraße an der Abzweigung zur Scharitzkehlalm
Weglänge: Parkplatz - Scharitzkehl- alm 10 Minuten, Scharitzkehlalm - Ligeretalm 1 Stunde, Ligeretalm - Parkplatz 45 Minuten
Gipfeltour: Ligeretalm - Kehlstein gut 2 Stunden
Einkehrmöglichkeiten: Scharitzkehlalm ganzjährig, Kehlsteinhaus von Mai bis Oktober

Zwischen Bayern und Österreich

Die Roßfeldalmen liegen teils auf über 1500 Metern

Auch das sogenannte Roßfeld, ein Höhenrücken und Ausläufer des Kehlstein und des Hohen Göll ist ein großes Almgebiet. Von Berchtesgaden oder von Unterau aus ist es auf einer gebührenpflichtigen Höhenringstraße mit vielen Kehren erreichbar. Von den Parkplätzen auf dieser aussichtsreichen Höhe aus kann man diese Almen erwandern.

Blühender Alpendost im Gebiet der Roßfeldalmen

An den Hang des Ahornbüchsenkopfes schmiegt sich reizvoll die fast das ganze Jahr über geöffnete Bergwirtschaft Ahornkaser und im Um-

Der Roßfeld Ahornkaser mit Untersberg

Die Eckeralmen mit Untersberg

kreis davon befinden sich die Almhütten der oberen Ahornalmen. Die unteren Ahornalmen dagegen, von denen zur Weidezeit der untere Kaser, die Perler Alm im Frühjahr und Herbst (Niederalm, die Tiere sind im Hochsommer auf der Hochalm) bewirtschaftet ist, liegen in der Nähe der Enzian Brennhütte und sind auch von dort erreichbar. Erreichbar von hier sind in etwa einer Stunde Gehzeit auch die drei Hütten der Eckeralm sowie die Ofneralm und das auf dem Eckerfirst gelegene Purtscheller Haus. Diese »Berghütte« der Alpenvereinssektion Sonneberg Thüringen steht kurioser Weise halb auf bayerischem und halb auf österreichischem Gebiet. Sie ist von Juni bis September bewirtschaftet. Von hier aus kann in etwa 3 - 4 Stunden von geübten und schwindelfreien Berggehern der Hohe Göll oder der Kehlstein mit dem Kehl-

Untere Ahornalm (Perler Kaser)

Rinder auf der Alm

Kurzinfo
Roßfeld-, obere und untere Ahornalmen und Eckeralm

Ort: Berchtesgaden oder Unterau
Ausgangspunkt:
Parkplätze auf dem Roßfeld und an der Enzianhütte
Weglänge: Parkplatz Roßfeld - Roßfeldalm und Roßfeldskihütte ca. 45 Minuten, Parkplatz Roßfeld-Ahornkaser (Gaststätte) und obere Ahornalmen ca. 30 Minuten, Parkplatz Enzianhütte - untere Ahornalmen ca. 15 - 45 Minuten, Parkplatz Enzianhütte - Ecker Alm und Purtscheller Haus ungefähr 1 Stunde
Gipfeltour: Roßfeldparkplatz und Parkplatz Enzianhütte - Hoher Göll (2522 m) 3 - 4 Stunden
Einkehrmöglichkeiten: Gasthaus Ahornkaser ganzjährig, Ahorn- und Roßfeldalm im Sommer während der Almzeit, untere Ahornalmen, Perlerkaser Frühjahr und Herbst (Niederalm, Purtscheller Haus (Juni - September)

steinhaus erklettert werden. Ostwärts vom Ahornbüchsenkopf und vom Hahnenkamm auf der Roßfeldhöhe befindet sich die bewirtschaftete Roßfeldskihütte, der Rothenkaser und die Roßfeldalm, in die man während der Almsaison einkehren kann. Drüberhalb der Roßfeldstraße, die teilweise auch auf österreichischem Gebiet verläuft, sind verstreut die Leiten-, Zwischel-, Neslanger-, Winkel- und Dürrfeichtenalm anzutreffen.

Wegverbindung zu einem ehemaligen Schloß

Von Ramsau über die Eckaualm auf die Hochalmscharte

Diese Alm- und Bergtour beginnen wir am besten von der sogenannten Pfeifenmacherbrücke aus am westlichen Ortsrand der Ramsau. Dies ist auch die kürzeste Verbindung dort hinauf. Natürlich kann auch an der Wimbachbrücke am dortigen Parkplatz zur Hochalm losgegangen werden, wenn man die beeindruckende Wimbachklamm mit seinen tosenden Wasserfällen in die Wanderung miteinbeziehen möchte. Hierbei muss nach der Klamm ein rechts abzweigender, markierter Weg eingeschlagen werden, auf dem man in etwa einer halben Stunde auf den Alpenvereinsweg Nr. 486 stößt, der von der Pfeifenmacherbrücke herführt.

Ab dem Ausgangspunkt Pfeifenmacherbrücke folgen wir immer dem Alpenvereinsweg 486. Nach einer guten Stunde Weges in waldigem Gelände auf einer Forst- und Alm-

Eckaualm bei Ramsau

Wimbachschloß im Wimbachtal

straße öffnet sich der Wald, er bleibt zurück. Wir befinden uns nun in einem weiten Almfeld, das zur Eckaualm gehört. An den bewaldeten Wandfuß des Steinberges schmiegt sich der sonnenverbrannte, hölzerne Kaser dieser Alm, vor dem sich zur Sommerzeit Rinderherden tummeln.

Hochalm/Eckaualm

An der Eckaualm endet auch der Straßenverlauf, es geht nun auf einem Steig weiter. In einer halben Stunde Gehzeit etwa und stetig aufwärts gelangen wir zur ehemaligen Mitterkaseralm. In dieser lichten, märchenhaften Almwiese, auf der früher ebenfalls Rinder weideten und Herdenglocken erklangen, findet man statt einem Almkaser nur mehr eine bescheidene Jagdhütte.

Eine weitere, halbe Stunde Gehzeit ab hier müssen wir in Kauf nehmen, um zur einsam und idylisch gelegenen Hochalm zu ge-

Kurzinfo
Eckaualm, Mitterkaser, Hochalm und Wimbachschloß

Ort:
Ramsau

Ausgangspunkt:
Pfeifenmacherbrücke

Weglänge:
Parkplatz Pfeifenmacherbrücke-Eckaualm 60 - 75 Minuten, Eckaualm-Mitterkaser 30 - 45 Minuten, Mitterkaser - Hochalm 30 Minuten, Hochalm - Hochalmscharte 20 - 30 Minuten, Hochalmscharte-Wimbachschloß 1 - 1,5 Stunden, Wimbachschloß - Wimbachbrücke 60 - 75 Minuten, Wimbachbrücke-Pfeifenmacherbrücke 60 Minuten

langen. Der Kaser dieses einstigen Hochlegers ist zwar instandgesetzt, Brotzeit jedoch gibt es hier keine. Man muss sich diese im Rucksack mitnehmen. Es sei denn, man wandert von hier weiter zur etwa eine halbe Stunde Gehzeit entfernten Hochalmscharte und schlägt ab diesem höchsten Punkt von 1600 Metern den etwa einstündigen Klettersteig hinab in Wimbachtal zum bewirtschafteten Wimbachschloß ein. Aus einem früheren Jagdschloß der Fürstpröpste von Berchtesgaden ist längst eine vielbesuchte Ausflugsstätte geworden, in der die durchs Wimbachtal wandernden Menschen einkehren können. Man kann sich ein Mittagsgericht bestellen oder eine Brotzeit servieren lassen. Allerdings muss gesagt werden, dass neben dem bequemen Weg durchs Wimbachtal jener Steig auf die Hochalmscharte nur für geübte und schwindelfreie Geher geeignet ist. Wer sich also zu diesem Abstieg von der Hochalmscharte ins Wimbachtal nicht entschließen kann, der tut gut daran, den gleichen Weg wie beim Aufstieg wieder zurück zu gehen.

Der breite und bequeme Weg vom Wimbachschloß durchs zauberhafte Wimbachtal und durch die Klamm zum Parkplatz an der Wimbachbrücke dürfte in einer Stunde leicht zu bewältigen sein. Zur Pfeifenmacherbrücke, unserem Ausgangspunkt beträgt er eine gute halbe Stunde länger, doch von hier bis dorthin besteht auch die Möglichkeit, in einen Linienbus zu steigen und mit diesem die letzte Strecke zurück zu fahren. Die gesamte Gehzeit von der Pfeifenmacherbrücke über Eckaualm, Hochalmscharte, Wimbachschloß und Wimbachbrücke beträgt ca. 4 - 5 Stunden, zur Pfeifenmacherbrücke zurück nochmals um eine halbe Stunde länger.

Im Schatten der Reiteralpe

Zwei Wege führen zur reizvoll gelegenen Halsalm

Aus zwei verschiedenen Richtungen kann man die an den Nordwesthang des Reiteralpengebietes sich schmiegende Halsalm erreichen. Der Ausgangspunkt ist fast immer ziemlich derselbe, der große Parkplatz südwestlich des Hintersees bei Ramsau. Natürlich lassen sich diese zwei Wege auch kombinieren, indem man den einen als Anstiegsweg benützt und auf dem anderen zurück geht zum Ausgangspunkt.

Wir wählen als Ausgangspunkt die geteerte Alm- und Forststraße in Richtung Hirschbichlpass. Schon nach wenigen Metern sind wir am Nationalpark Informationshaus angelangt, am Klausbachlehen, einem charakteristischen Bauernhaus im alpenländischen Stil. Wir sollten es nicht versäumen, diesem Gebäude mit seinen Informationen über den Nationalpark Berchtesgaden einen Besuch abzustatten.

Schon bald zeigt am Waldrand ein Wanderwegweiser mit der Aufschrift »Zur Reiteralpe« in die rechte Richtung. Wir verlassen hier also die Hirschbichlstraße bereits schon wieder und biegen rechts in diesen Fahrweg ein, der uns nun steil in den Wald führt. Ein schöner Laub- und Mischwald ist nun unser Begleiter. Bald vor der sogenannten Halsgrube biegt von diesem Güterweg der Böslsteig links ab, ein teilweise schwieriger Klettersteig, auf dem wir nach etwa 3 - 4 Stunden auf die Hochfläche der Reiteralpe und zur

Halsalm mit Reiteralpe

Kaser auf der Halsalm, im Hintergrund die Gipfel der Reiteralpe

Neuen Traunsteiner Hütte gelangen würden. Zur Halsalm bleiben wir auf dem breiteren Weg, der rechter Hand steil weiter zieht. Nach etwa 30 - 45 Minuten Gehzeit öffnet sich der Wald, wir haben bereits das weite Almfeld der Halsalm vor uns. Bald ist auch der erste Kaser schon erreicht, den wir aber hinter uns lassen. Wir interessieren uns mehr für die zweite Almhütte, die sich in südwestlicher Richtung in die Mulde zwischen Halskopf und den Ostwänden der Reiteralpengipfel schmiegt und die wir nach etwa einstündiger Wanderung vor uns haben.

Weiß leuchtet sein Mauerwerk im satten Grün des leicht abfallenden Almgeländes. Hier kann man es sich auf den urigen Holzbänken und Tischen gemütlich machen und sich bei der Sennerin eine leckere Almbrotzeit aus selbstgemachter Butter und Käse und für den Durst ein Haferl Frisch- oder Buttermilch holen. Die Selbstbedienung auf dieser Alm funktioniert sehr gut und sie erspart der Sennerin viel unnötigen Weg und Zeitaufwand. Die Halsalm ist eine Niederalm und deshalb nur während der Dauer des Weidebetriebes im Frühsommer und Herbst täglich geöffnet.

Prächtig ist die Sicht von dieser 1210 Meter hoch gelegenen Almkulisse aus. Man kann die senkrecht abfallenden Wandfluchten bestaunen, im Südwesten schließen die markanten Gipfel der Grundübel- und Mühlsturzhörner die Sicht ab und auf der gegenüberliegenden Seite gleitet der Blick übers Ramsauer Tal, hinab auf den Hintersee und zur dahinter aufragenden Göllgruppe.

Zum Abstieg wählen wir die entgegengesetzte Richtung des Aufstiegs-

Kuhschelle

weges. Ein teilweise schmales Steiglein leitet uns nun bergab, immer die Tallandschaft und die dahinter aufragenden Berghöhen im Auge behaltend. Bald wird die ganze Seefläche des Hintersees sichtbar, die wie ein Smaragd im Sonnenlicht funkelt. Nach 60 - 90 Minuten Gehzeit ab der Halsalm ist auch sein Ufer schon erreicht. Der malerische Seeuferweg führt uns, falls wir nicht vorher noch eine Einkehr in eines der am Ufer sich befindlichen Gastwirtschaften planen, eine Ruderbootfahrt auf oder über den See vorhaben oder uns im kühlen Nass des Sees erfrischen, sicher und bequem an den Ausgangspunkt am Parkplatz zurück.

Kurzinfo Halsalm

Ort: Ramsau
Ausgangspunkt:
Parkplatz unweit vom Hintersee
Weglänge: Parkplatz Hintersee - Halsalm 1 - 1,5 Stunden, Halsalm - Parkplatz Hintersee 1 Stunde
Bergtour: Parkplatz Hintersee- über Böslsteig zur Neuen Traunsteiner Hütte ca. 3 - 4 Stunden
Einkehrmöglichkeiten:
Gasthäuser am Hintersee sowie Halsalm zur Almzeit im Frühjahr und Herbst (Niederalm) und Neue Traunsteiner Hütte Juni - September

Vom Ragert bis zum Mittereis

Im Klausbachtal kann man von Alm zu Alm wandern

Ein landschaftlich sehr reizvoller Wanderweg führt vom Hintersee bei Ramsau im Berchtesgadener Land durch das Klausbachtal bis zur österreichischen Grenze. Wer diese Strecke bis zum Talschluss in Hirschbichl erwandern will, muss hin und zurück schon an die fünf Stunden Gehzeit einplanen. Man kann dies aber auch leichter und bequemer haben, indem man in einen der Almerlebnisbusse steigt, die auf der asphaltierten und für den öffentlichen Verkehr nicht zugelassenen Alm- und Forststraße fast stündlich verkehren. Dabei besteht die Möglichkeit, von den jeweiligen Haltestellen aus die Almen des Klausbachtales, von denen die meisten davon sogenannte Brotzeitalmen sind, in kurzer Zeit zu erwandern.

Die erste Alm ab dem Pkw-Abstellplatz unweit vom Hintersee ist die Ragertalm. Zu Fuß erreicht man sie ab dem Parkplatz in einer halben Stunde Gehzeit. Bei dieser Alm kann man gemütlich einkehren und bei einer schmackhaften Almbrotzeit auf der Hüttenterrasse die grandiosen Bergspitzen der Mühlsturz- und Grundübelhörner auf der Reiteralpe betrachten und den Flug des Adlers beobachten, der hier über dem Klausbachtal noch heimisch ist und seine eleganten Kreise zieht.

Der Kaser der Ragertalm ist 1995 im almerischen Baustil wieder neu erstanden, nachdem die alte Almhütte bereits verfallen war. Ursprünglich war das Ragert ein Bauernanwesen, das aber durch seine entfernte Lage aufgegeben wurde. Hernach diente das Anwesen längere Zeit als Niederalm und als Futterhof. Im Sommer hat man das Gras der Almwiese gemäht und geheut. Erst im Spätsom-

Ragertalm mit Reiteralpe (Mühlsturz- und Grundüberlhörner)

Engertalm

mer kam dann das Vieh des Almbauern von der Hochalm hierher zum abweiden des inzwischen wieder angewachsenen Grases. Anschließend hat man auch noch das Heu des Sommers verfüttert, erst dann wurde das Vieh ins Tal getrieben zum Hof des Almbauern.

Nach einer weiteren viertel- oder halben Stunde Gehzeit ab dem Ragert gelangt der Wanderer zur Engertalm, die unweit der Teerstraße und des Wanderweges in der Nähe des zweiten Nationalpark Hauses, (das erste steht am Eingang des Klausbachtales unweit vom Hintersee) ein einsames Dasein führt. Sie wird nur als Niederalm genutzt. Die Almwiese um den hölzernen Kaser wird im Frühjahr und dann noch einmal im Herbst, wenn die Rinder von der Hochalm herabkommen, abgeweidet.

Bevor das Teersträßlein und der Wanderweg steil zum Talschluss in

Bindalm bei Hirschbichl

Motiv von der Mittereisalm mit Reiteralpe

Richtung Hirschbichl ansteigt, wird die Bindalm erreicht mit seinen drei Hütten. Zwei davon, die verschiedenen Bauern gehören, sind im Sommer bewirtschaftet. Man kann also auch hier einkehren und eine Brotzeit einnehmen sowie den Durscht löschen. Selbsterzeugter Almkäse, Speck- und Butterbrot, Milch und andere Getränke stillen Hunger und Durst. Die Aussicht von hier auf die Randgipfel der Reiteralpe ist überwältigend. Stadelhorn, Mühlsturz- und die Grundübelhörner sind bei schönem Wetter zum Greifen nahe. Auf der Bindalm ist noch ein sogenannter Rundumkaser erhalten, der unter Denkmalschutz steht. Bei diesem Almhüttentyp sind der Wohn- und der Schlafraum des Almpersonals »rundum« von der Viehstallung umschlossen. Darum der Name Rundumkaser. Nur durch ein Dachfenster fällt spärlich Licht in die

Mittereisalm bei Hirschbichl

Wohnräume der Sennerin oder des Senners. Vom Funtenseegebiet, das schon seit Jahrzehnten als Almgebiet aufgegeben worden ist, hat man diese aus dem Jahre 1686 stammende Hütte hierher transferiert.
Zur Bindalm gehört auch die auf 1265 Metern gelegene Mittereisalm. Diese ist ein Hochleger (Hochalm), auf der das Vieh nur einmal weidet, im Hochsommer. Weiter bergwärts befand sich auch noch die Hocheisalm, doch diese hat man schon längst aufgegeben. Sie ist heute bereits verfallen. Von der Bindalm zur Mittereisalm, die schützend am Fuße des Kammerlinghorns und der Hocheisgruppe gebettet liegt, geht man 30 - 45 Minuten.
Einkehrmöglichkeiten im Klaustal gibt es natürlich auch auf dem Hirschbichlpass. Die dortige Berggaststätte steht bereits auf österreichischem Boden wie auch die bewirtschaftete Litzlalm, zu der man nochmals eine halbe Stunde wandern muss, um sie zu erreichen. In 90 Minuten kann von hier aus auch der 1625 Meter hohe Litzlkogl erkraxelt werden, doch man muss bei diesem Anstieg schon ein wenig geübt und bergerfahren sein.

Kurzinfo
Ragert-, Engert-, Bind- und Mittereisalm

Ort: Ramsau
Ausgangspunkt:
Parkplatz am Hintersee
Weglänge: Parkplatz Hintersee - Ragertalm 45 Minuten, Ragertalm - Engertalm 30 Minuten, Engertalm - Bindalm 1 Stunde, Bindalm - Mittereisalm 30 Minuten, Bindalm - Hirschbichlpass 20 Minuten, Hirschbichlpass - Litzlalm 30 - 45 Minuten
Bergtour:
Mittereisalm - Kammerlinghorn (2484 m) ca. 3 - 3,5 Stunden
Einkehrmöglichkeiten: Gasthäuser am Hintersee, Ragert- und Bindalm im Sommer zur Almzeit, Gasthaus Hirschbichl

Sennerin beim Herrichten des Almschmucks zum Almabtrieb

Zwischen Steinberg und Hintersee

Reizvolle Wanderwege führen zur Schärtenalm und zur Blaueishütte

Die Schärtenalm unterm Steinberg im Hochkaltergebiet ist nicht nur von Ramsau, sondern auch vom Hintersee aus gut zu erreichen. Dazu sind an der Seeklause kurz vor dem Hintersee neben der Straße mehrere Parkplätze angelegt. Der Anstieg zu dieser Alm erfolgt zunächst auf einer Forststraße durch den Wald und ziemlich steil aufwärts. Bald wird der Weg schmäler und lichter. Nach etwa 90 minütiger Gehzeit steht man plötzlich vor dieser Alm am Berghang. In ihr kann man den ganzen Sommer über, während der Weidezeit des Viehs also einkehren und sich eine Brotzeit bestellen.

Motiv von der Schärtenalm

Für viele ist die 1362 Meter hochgelegene Schärtenalm am Nordhang des Steinberges, von der man einen reizenden Blick hinab zum Hintersee und hinüber zur Reiteralpe hat, nicht Endziel, sondern Zwischenstation auf dem Weg zur Blaueishütte und zum Hochkalter. Der Name Blaueis kommt von der blauschimmernden, steilen Eisfläche in der Mulde zwischen Hochkalter und Blaueisspitze. Es handelt sich dabei um den einzigen Gletscher der Berchtesgadener und Chiemgauer Alpen, der durch seine Steillage sehr gefährlich zu überschreiten ist. Die Blaueishütte, in der man auch übernachten und so die Hochkalterbesteigung auf zwei Tage ausdehnen kann, ist der einzige

Schärtenalm mit Reiteralpe

Blaueishütte am Hochkalter

Hauptwanderstützpunkt des Hochkaltermassives. Zu ihr geht man vom Tal aus etwa 2,5 - 3 Stunden und von hier zum Hochkaltergipfel, der übers Blaueis (Gletscher) oder über den »schönen Fleck« möglich ist, nochmals 3 - 4 Stunden.
Da es bei dieser Hochgebirgstour keine Steighilfen in Form von Seilpassagen gibt, ist dieser Gipfel nur schwindelfreien und geübten Berggehern vorbehalten. Am Weg zum Hochkalter kann auch der Hausberg der Alpenvereinssektion Burghausen, der Rotpalven, auch Wasserwandkopf genannt, mit seinem eisernen Gipfelkreuz noch mitgenommen werden. Als Abstieg vom Hochkalter empfiehlt sich auch der Steig übers Ofental zum Klausbachtal und von dort zurück zum Hintersee und zum Parkplatz. Dieser Steig ist aber mindestens so lang wie jener über die Blaueishütte. Auch die Tour auf die 2481 Meter hochgelegene Blaueisspitze verlangt Geübtheit und Schwindelfreiheit.
Leichtere Gipfelziele von der Blaueishütte aus sind dagegen der Steinberg (2065 m) und die Schärtenspitze (2153 m), die eine Gehzeit von ungefähr 90 - 120 Minuten in Anspruch nehmen. Von der Schärtenspitze führt ein etwas schwieriger Weg zur Hochalm hinüber, von der aus ins Wimbachtal zum bewirtschafteten Wimbachschloß abgestiegen werden könnte. Schärtenalm und Blaueishütte sind im Sommer durchgehend geöffnet und bewirtschaftet.

Kurzinfo
Schärtenalm und Blaueishütte

Ort: Ramsau Hintersee
Ausgangspunkt: Parkplätze bei der Seeklause am Hintersee
Weglänge:
Parkplatz Seeklause - Schärtenalm 90 Minuten, Schärtenalm - Blaueishütte 90 - 120 Minuten
Gipfeltour: Blaueishütte - Schärzenspitze 1,5 - 2 Stunden
Einkehrmöglichkeiten:
Gasthäuser in Hintersee, Schärtenalm und Blaueishütte von Mai/Juni - Oktober

Auf Umwegen vom Taubensee zur Schwarzbachwacht

Drei reizende Almen liegen am Ramsauer Almerlebnisweg

Als Ausgangspunkt für diesen Almrundweg wählen wir den Parkplatz an der deutschen Alpenstraße in der Nähe des Taubensees bei Ramsau. Auf einer Infotafel am Parkplatz kann man diese Strecke über die Mordau-, Lattenberg- und Moosenalm einsehen. Auf der Almerschließungsstraße wandern wir steil durch den Bergwald. Nach etwa einer Stunde Gehzeit treten wir aus dem Wald, wir haben die weite Almfläche der Mordaualm vor uns, die Kaser jedoch sind von hier aus noch nicht sichtbar. Erst als der letzte Höhenrücken überwunden ist, hat man sie im Blickfeld. Zwei von diesen Kasern sind zur Weidezeit bewirtschaftet. Man kann sich hier also mit einer Brotzeit versorgen und die Aussicht auf den Hochkalter genießen.

Auf der Mordaualm blüht im Frühsommer der großblütige Enzian

Die Mordaualm hat seinen Namen durch eine Mordtat erhalten, so jedenfalls kündet es eine Sage. Der frühere Name dieses Almgebietes soll

Moosenalm

Lattenbergalm

»Hängmoos« geheißen haben. Ludwig Ganghofer hat in seinem historischen Roman »Der Ochsenkrieg«, der auch verfilmt wurde, diese Sage eingebaut und auch auf der Sagentafel neben der hinteren Almhütte kann man sich über diese schaurige Mordtat informieren.

Wer gut zu Fuß ist, kann den Weiterweg über das linksseitige Almfeld und den anschließenden, felsigen Steilanstieg des Almerlebnisweges auf die Karschneid wagen. Nach diesem höchsten Punkt geht es zur Niederung der Lattenbergalm bergab. Bevor man aus dem Wald tritt, zweigt rechts ein kleines, leicht zu übersehendes Steiglein hinauf zur Karspitze ab. In 30 Minuten Gehzeit ist dieser Aussichtspunkt mit Gipfelkreuz erreichbar. Die zwei Kaser auf der Lattenbergalm sind Hochalmen, die Weidezeit hier fällt also in den Hochsommer. Das Wachstum auf dieser

Ein Kaser der Mordaualm, Blick zum Hochkalter

Fuikeln für den Almabtrieb von der Moosenalm

Almabtrieb von der Mordaualm

Höhenlage ist ja nicht mehr so intensiv wie auf den Niederalmen und setzt sehr spät im Frühsommer ein. Oft liegt bis in den Mai hinein hier heroben Schnee.
Nach der Lattenbergalm gelangt man anschließend und abermals leicht abwärts zu den zwei Hütten der Moosenalm. Eine von diesen ist ein sogenannter Rundumkaser, bei dem sich um die Räume der Sennerin oder des

Kurzinfo
Mordau-, Lattenberg-, Dalsen- und Moosenalm

Ort: Ramsau
Ausgangspunkt: Parkplatz Taubensee (oder umgekehrt Parkplatz Schwarzbachwacht)
Weglänge: Parkplatz Taubensee-Mordaualm 60 Minuten, Mordaualm - Lattenbergalm 45 Minuten, Lattenbergalm - Moosenalm 30 - 45 Minuten, Moosenalm - Schwarzbachwacht 1 - 1,5 Stunden
Gipfeltour: Lattenbergalm-Karspitze (1641 m) 30 Minuten
Einkehrmöglichkeiten: Gasthaus Wachterl in der Schwarzbachwacht und zur Almzeit die Mordau- und Moosenalm

Senners die Viehunterkünfte befinden. Wie bei der Mordaualm sind auch bei der Moosenalm die Kaser während der Weidezeit für die Wanderer bewirtschaftet. Man kann hier also rasten, ausgiebig Brotzeit machen und den Durst stillen.
Von der Moosenalm aus ist auch die etwa gut eine Stunde Gehzeit entfernte Dalsenalm mit seinem steinbeschwerten Legschindeldach erreichbar. Auch die Anthauptenalm könnte auf dem Weiterweg noch miteinbezogen werden, falls es die Zeit und vor allem die körperliche Verfassung erlaubt.
Als Abstiegsweg von der Moosenalm zur Schwarzbachwacht wählen wir den abwärts führenden Steig, der später viele, schöne Ausblicke ins Schwarzbachtal gewährt. Die Gehzeit vom Parkplatz bis zur Mordaualm beträgt eine Stunde, eine weitere Stunde nimmt der Weg über die Karschneid und Lattenbergalm zur Moosenalm in Anspruch und ebenfalls eine gute Stunde dauert der Abstieg von der Moosenalm bis zur Schwarzbachwacht. Da wir nun an anderer Stelle ankommen, muss noch der etwa halbstündige Weg zurück zum Parkplatz am Taubensee hinzugerechnet werden.

Fünf Bauern teilen sich das Weidegebiet

Vom „Wachterl" in die Schwarzbachalmen

In der Regel führen die Almzugangswege fast immer bergwärts, da ja die Almen zum Großteil auf höheren Gebieten liegen. Anders ist dies bei den Schwarzbachalmen an der Schwarzbachwacht (Wachterl) zwischen Weißbach und Schneizlreuth im Berchtesgadener Land. Da dort auch die Alpenstraße ziemlich hoch über dem Talgrund des Schwarzbaches an einem bewaldeten Berghang verläuft, liegt das Almgebiet um die Schwarzbachgründe um einige hundert Meter tiefer.

Wer also vom Wachterl, - der Name leitet sich von der einstigen Wach- und Grenzstation der Fürstpropstei Berchtesgaden und vom Schwarzbach ab -, zu diesen Almen wandern will, muss abwärts gehen. Es sei denn, man wählt den längeren Weg dorthin von Unterjettenberg aus. Parkplätze sind am Ende der kleinen Ansiedlung an der Schwarzbachwacht vor der Abzweigung der Straße zum Hintersee vorhanden.

Wir schlagen jenen Weg ein, der in drei bis vier Stunden auf dem Wachterlsteig auf die Reiteralpe und zur Neuen Traunsteiner Hütte führen würde. Bald zweigt links von diesem Almsträßlein der Weg zur Reiteralpe ab und rechts jener zum Alpengasthof Wachterl. Der Name Wachterl ist eine volkstümliche Namensverkürzung für Schwarzbachwacht. Wir gehen den mittleren Weg durch einen Wald steil abwärts. Schon nach etwa 20 Minuten tritt auf der rechten Seite der Wald zurück und die ersten Almhütten werden sichtbar. Ungefähr an der Stelle des ersten, rechts liegenden Kasers führt links von der Wanderstrecke ein Fahrweg in den Wald, der dann in einen Steig über-

Obere Schwarzbachalmen

Schwarzbachalm bei Ramsau

geht. Dieser führt uns an den Ursprung des Schwarzbaches, der hier mit vollen Wasserschwallen aus einem gewaltigen Loch aus der Felswand der Reiteralpe mit mächtigen Kaskaden herausquillt. Man sollte sich dieses einmalige Naturschauspiel bei dieser Almtour nicht entgehen lassen. Der eigentliche Schwarzbachursprung befindet sich jedoch irgendwo droben auf den Höhen der Reiteralpe.

Allmählich werden beim Weiterweg auch die anderen Kaser der Schwarzbachalm sichtbar. Drei Almhütten liegen verstreut am herüberen Ende des Baches, die obere Schwarzbachalm, während die vierte Almhütte und der Doppelkaser am drüberen Bachufer die untere Schwarzbachalm bilden. Zu ihr muss man den wildtosenden Schwarzbach überqueren. Die Schwarzbachalmen sind Niederleger (Niederalmen), hier wei-

Frühlingsenzian

Almabtrieb von der Schwarzbachalm / Die Sennerin Anne führt die Herde an.

det das Vieh also nur im Frühsommer und Herbst. Wenn die Tiere dann von der Hochalm, auf der sie im Hochsommer weiden, im Herbst wieder herab auf die Niederalm kommen, ist das Gras dort schon wieder so angewachsen zum Abweiden bis Ende September. Während der Weidenzeiten kann man auf der Schwarzbachalm bei drei Almhütten einkehren und sich eine Brotzeit und ein oder mehrere Glas Milch gönnen. Die Hochalmen dieser fünf Almbauern befinden sich auf der Anthaupten-, auf der Bindalm, der Kalbrunn-, der Moosen- und der Stubenalm.

Alle Kaser im Schwarzbachgrund sind aus Holzbalken zusammen gefügt, sie liegen sehr malerisch in diesem Almtal, das der Schwarzbach schäumend und tosend durchfließt. Bei Unterjettenberg mündet er in die aus Lofer kommende Saa-

Almabtrieb von der Schwarzbachalm

lach. Zu den Schwarzbachalmen gelangt man auch auf einer für den öffentlichen Verkehr gesperrten Forststraße unweit der Brücke in der Nähe von Oberjettenberg. Dort befindet sich auch ein kleiner Parkplatz neben der Alpenstraße. Man wandert dabei immer leicht aufwärts am rauschenden Schwarzbach entlang. In etwa 45 Minuten ist die Schwarzbachalm von dieser Seite aus erreicht.

Kurzinfo Schwarzbachalmen

Ort: Ramsau
Ausgangspunkt: Parkplatz Schwarzbachwacht
Weglänge: Schwarzbachwacht-Schwarzbachalmen 30 - 45 Minuten
Bergtour: Schwarzbachwacht über Wachterlsteig - Neue Traunsteiner Hütte auf der Reiteralpe (1570 m) 3,5 - 4 Stunden
Einkehrmöglichkeiten: Gasthaus Wachterl, im Sommer Neue Traunsteiner Hütte und im Frühjahr und Herbst an drei Hütten der oberen und unteren Schwarzbachalm

Der Schwarzbachursprung entspringt einem Felsenloch der Reiteralpe

Wandern am Südwesthang des Ristfeuchthorns

Romantische Wege führen auf die Sellarnalm

Am Südwesthang des 1569 Meter hohen Ristfeuchthorns, jenem Grenzberg gegen Österreich hin, liegt malerisch in einer Hangmulde die Sellarnalm. Man kann sie von Weißbach an der Alpenstraße, von Schneizlreuth oder von Melleck aus erreichen.

Wir entscheiden uns für den bayerischen Grenzort Melleck als Ausgangspunkt. Dort lassen wir auf dem Wanderparkplatz hinter dem Gasthaus Motzenwirt das Auto stehen und starten dort los. Der Weg, eine Kiesstraße ist anfänglich sehr steil, sie ist auch der Zufahrtsweg für den Almbauern und das Almpersonal der Sellarnalm. Es geht immer ziemlich im Wald dahin, erst nach etwa 45 Minuten Gehzeit werden erste Ausblicke frei auf das Sonntagshorn und das Bogenhorn. Bald, nach etwa 1,5 Stunden Wanderzeit wird die Almlichtung sichtbar und nach wenigen Schritten steht man auch schon vor dem idyllisch gelegenen aus Holz bestehenden Almkaser mit seinen geraniengeschmückten Fenstern. Wir suchen uns einen Platz auf den Holzbänken vor der Hüttenfront und bestellen uns bei der jungen, sauberen Sennerin Monika aus Niederbayern

Die Sennerin Monika von der Sellarnalm

Sellarnalm

eine typische Almbrotzeit, die entweder aus selbstgemachter Butter, aus Käse oder Quark besteht und natürlich eine frische Almmilch dazu. Besonders sind die Quarkstrudeln der

Auf feuchtem Almwiesen kommt der Weiße Germer vor, ein Unkraut für die Almbauern

Sennerin zu empfehlen. Nebenbei genießen wir den fantastischen Blick über das Almfeld hinweg auf die Spitzen und Grate der Loferer Steinberge, die bei klarem Wetter zum Greifen nahe scheinen.

Empfehlenswert wäre von hier noch eine Gipfeltour zum nahen Ristfeuchthorn, dazu wären nochmals zwei Stunden Gehzeit erforderlich. Als Abstieg von der Sellarnalm könnten wir auch einen der beiden anderen Zugangswege benützen, allerdings bräuchten wir da in Schneizlreuth oder in Weißbach eine Rückfahrmöglichkeit zum Ausgangspunkt, dem Parkplatz in Melleck.

Kurzinfo Sellarnalm

Ort: Schneizlreuth
Ausgangspunkt: Wanderparkplatz hinter Motzenwirt bei Melleck
Weglänge: Wanderparkplatz Motzenwirt - Sellarnalm 1,5 Stunden.
Gipfeltour: Sellarnalm - Ristfeuchthorn (1569 m) 2 - 3 Stunden
Einkehrmöglichkeiten: Motzenwirt und im Sommer während der Almzeit auf der Sellarnalm

Sellarnalm mit Loferer Steinberge

Zwischen Bischofswiesen und der Ramsau

Aussichtsreiche Wanderwege führen zum Hirschkaser

Relativ leicht ist der Hirschkaser auf dem Toten Mann erreichbar. Der Hirschkaser, in diesem Fall handelt es sich ausnahmsweise nicht um eine Almhütte, sondern um eine Berggaststätte, die den ganzen Sommer von Mai bis November und auch während der Wintersportsaison geöffnet hat. Man fährt mit dem Auto von Ramsau auf das Hochschwarzeck, auf dem sich ein großer Parkplatz befindet und besteigt dort den Sessellift, der uns zu dieser bewirtschafteten Berghütte befördert. Allerdings ist dieser nicht immer in Betrieb. Man muss sich also über die Fahrzeiten dieser Bergbahn informieren. Nur wenige Minuten schweben wir in luftiger Höhe dahin, dann ist die Höhe von 1385 Metern auch schon erreicht. Wir steigen kurz vor dem Hirschkaser aus dem fahrbaren Sessel.

Auf den Hirschkaser und auf den Toten Mann zu gelangen ist auch auf Schusters Rappen kein großes Problem. In etwa einer guten Stunde Gehzeit schaffen wir die rund 350 Höhenmeter zu diesen Zielen. Nach

Krokusse, erste Frühlingsboten in den Bergen

Der einladende Hirschkaser auf dem Toten Mann

der Einkehr im Hirschkaser und nach genießen des einmalig schönen Ausblicks auf die Bergmassive Hoher Göll, Watzmann, Hochkalter und in das Wimbachtal suchen wir den Gipfel des Toten Mann (1391 m) auf, der vom Hirschkaser aus in 15 Minuten erreicht ist. Ihn krönt ein offenes Unterkunftshäuschen, die Bezoldhütte. Seinen Namen verdankt dieser Berggipfel einer Sage, die man auf einer Tafel an der Hütte ablesen kann. Man erfährt dabei, dass ein Ramsauer an einem strengen, stürmischen Wintertag trotz Warnungen diesen Berg bestiegen hat. Am Gipfel soll er in einem Schneesturm ums Leben gekommen sein.
Vom Toten Mann aus lassen sich in kurzen Gehzeiten gemütliche Bergtouren auf umliegende Almhöhen wie etwa Hirscheck, zum Söldenköpfl oder zum Götschenkopf unternehmen. Auch zum Bischofswieser Ortsteil Loipl kann gewandert werden und ebenso ist der bekannte und beliebte Salinen- und Soleleitungsweg ist von hier aus zu erreichen.

Kurzinfo Hirschkaser

Ort: Ramsau
Ausgangspunkt:
Hochschwarzeck (Talstation der Hirscheck Sesselbahn)
Weglänge: Parkplatz Hochschwarzeck - Berggaststätte Hirschkaser 1 - 1,5 Stunden
Gipfeltour: Hirschkaser - Toter Mann etwa 30 Minuten
Einkehrmöglichkeiten:
Hochschwarzeck und von Mai bis Oktober der Hirschkaser

Blick vom Hirschkaser auf Hundstod, Wimbachtal und Hochkalter

Nur im Hochsommer gibt es eine Almbrotzeit

Vom Gasthaus Baumgarten zur Anthauptenalm

Das Gasthaus Baumgarten, neben der Straße zwischen Unterjettenberg und Bad Reichenhall gelegen, ist Ausgangspunkt dieser Almtour. Man geht dabei immer auf einer Forststraße, die uns steil bergan in einer Stunde Gehzeit und nach Überwindung von ca. 450 Höhenmetern zur ehemaligen Rötelbachalm und zur Rötelbachklause bringt. An dieser in sehr gutem Zustand sich befindlichen Triftklause hat man früher das Wasser der Bergbäche im Staubecken hinter der

Rötelbachhütte

Herbstzeitlose

Anthauptenalm

Klausenmauer gesammelt, um das Holz der Bergwälder des Lattengebirges mit dem gestauten Wasser ins Tal schwemmen zu können. Dort gelangte es auf der Saalach zur Saline nach Bad Reichenhall.

Die Rötelbachklause wird schon 1392 urkundlich erwähnt. 1796 hat Kurfürst Carl Theodor diese Triftanlage wieder neu aufbauen lassen. Sie wurde bis zu Beginn des 20. Jahrhunderts zur Holztrift genutzt, dann verfiel sie allmählich. 1995 hat man diese Stauanlage vortrefflich erneuert und der Öffentlichkeit als Kulturdenkmal zugänglich gemacht. Nach der Klause macht die Straße einen starken Rechtsdrall in Richtung

Ausblick vom Vogelspitz unweit der Anthauptenalm

Dalsenalm

Anthauptenalm, geradeaus würde man zur Dalsenalm, zur Moosen- oder zur Mordaualm kommen. Man geht nochmals etwa eine Stunde, bis man an der ziemlich ebenen Almfläche der Anthauptenalm ankommt. Die drei Hütten mit ihren niedrigen Dächern und den dunklen Holzbalkenwänden liegen sehr malerisch in dieser Abgeschiedenheit. Eine Einkehr ist hier in zwei Almkasern nur im Hochsommer möglich, wenn das Vieh von der Niederalm, die in diesem Fall die Schwarzbachalm ist, hier heraufgetrieben wird. Ansonsten muss man sich hier aus dem Rucksack verpflegen. Die dritte Hütte auf diesem Almboden ist Forsteigentum.

Von der letzten, hinteren Hütte kann man noch den Steig zum Vogelspitz einplanen, einem Aussichtspunkt, zu dem man in einer Viertelstunde gelangt. Hier hat man einen herrlichen Blick ins Tal. Von der Anthauptenalm könnte man auch zur einsam gelegenen Dalsenalm und auch zur Moosenalm weiterwandern. Allerdings bräuchte man, wenn man von dort zur Schwarzbachwacht absteigt, eine Verbindung zurück zum Ausgangspunkt nach Baumgarten.

Kurzinfo
Anthaupten- und Dalsenalm

Ort: Schneizlreuth
Ausgangspunkt:
Gasthaus Baumgarten
Weglänge:
Parkplatz Baumgarten - Anthauptenalm 1,5 - 2 Stunden, Anthauptenalm-Dalsenalm 60 - 90 Minuten
Bergtour: Anthauptenalm-Vogelspitz 20 - 30 Minuten
Einkehrmöglichkeiten:
Gasthaus Baumgarten und im Hochsommer (Juli - August Hochalm) an zwei Kasern auf der Anthauptenalm

Am Müllner Horn entlang

Eine bäuerliche Gaststätte und eine Alm als Ziel

Die Kuglbachalm und das Paul-Gruber-Haus am Müllner Horn bei Bad Reichenhall sind von mehreren Stellen aus zu erwandern. Von Ulrichsholz, einer Siedlung bei Schneizlreuth erreicht man diese Alm und das in unmittelbarer Nähe davon sich befindliche Paul-Gruber-Haus in etwa 90 Minuten. Diese Gehzeit braucht man auch vom Parkplatz an der Wegscheid aus, wo die Straßen Richtung Weißbach, Schneizlreuth und Bad Reichenhall zusammen stoßen, dorthin. Allerdings soll man bei dieser Strecke ein wenig schwindelfrei sein, denn das kurze Wegstück über die Reibwände ist zwar drahtseilgesichert, aber etwas ausgesetzt und schwierig zu gehen.

Leichter, aber ziemlich steil erweist sich die Wegstrecke von Karlstein bei Bad Reichenhall aus zur Kuglbachalm. Bei dieser Tour lassen wir das Auto am ehemaligen Haus des Gastes stehen, überqueren die Straße und folgen der Beschilderung zum Kuglbachbauer. Diese bäuerliche Ausflugsgaststätte, in der sich eine Einkehr jederzeit lohnt, erreichen wir in etwa 45 Minuten. Dann geht es erneut steil aufwärts und immer im schattigen Wald dahin. Nur einmal wird der Blick zum Hochstaufen

Kuglbachalm mit Paul-Gruber-Haus

Blühende Bergglockenblumen

frei. In 90 - 120 Minuten ab dem Parkplatz ist unser Ziel erreicht. Doch wir sind enttäuscht, denn wir stehen vor verschlossenen Türen. Weder im Unterkunftshaus der Naturfreunde, im Paul-Gruber-Haus noch in der Almhütte der Kuglbachalm besteht eine Einkehrmöglichkeit. Wir müssen uns also an dieser idyllischen Stelle aus dem Rucksack versorgen oder sich auf dem Rückweg beim Kuglbachbauer stärken, falls wir dies nicht schon auf dem Hinweg getan haben.

Vom Paul-Gruber-Haus führt für besonders Wanderwillige ein Steig um das 1373 Meter hohe Müllner Horn herum. Hat man es halbwegs umrundet, zweigt links ein leicht zu übersehender Steig zum Plasterbachhorn (1270 m) ab. Auf diesem Gipfel mit seinem verzierten, schmiedeeisernen Gipfelkreuz bietet sich ein reizvoller Blick auf das Hochstaufenmassiv und ins Tal der Saalach. Man kann anschließend die ganze Müllnerbergumrundung fortsetzen in Richtung Bad Reichenhall und Saalachsee oder man geht auf dem gleichen Weg wieder zurück nach Karlstein. Die gesamte Müllnerbergumrundung beträgt an die 5 - 6 Stunden Gehzeit.

Kurzinfo Kuglbachalm

Ort: Karlstein bei Bad Reichenhall
Ausgangspunkt: Ortsmitte Karlstein am ehemaligen Haus des Gastes
Weglänge: Karlstein - Gasthaus Kuglbachbauer 45 Minuten, Kuglbachbauer - Kuglbachalm und unbewirtschaftetes Paul-Gruber-Haus ca. 45 Minuten
Gipfeltour:
Kuglbachalm - Plasterbachhorn am Müllner Berg (1270 m) etwa 90 bis 120 Minuten
Einkehrmöglichkeiten:
Gasthaus in Karlstein und Kuglbachbauer

Wandern auf der alten Salzstraße und auf dem Salinenweg

Ein lauschiger Weg führt zur Höllenbachalm

Wer von Weißbach an der Alpenstraße kommend in Richtung Schneizlreuth unterwegs ist, erblickt kurz nach der Ausflugsgaststätte Mauthäusl (einst eine Mautstelle der Salzfahrer) auf der linken Seite ein Hinweisschild, das zur Höllenbachalm zeigt. An dieser Stelle befindet sich auch ein kleiner Parkplatz zum Abstellen des Fahrzeuges, falls man von hier auf dem kürzesten Weg die Wanderung zur bewirtschafteten Höllenbachalm vornehmen will.

Vorerst führt uns der Fahrweg, der sogar mit Kinderwägen zu bewältigen ist, neben der Höllenbachschlucht im Wald mäßig aufwärts. Wir kommen an der ehemaligen, verfallenen Höllenbachklause vorbei, auf der einst Brennholz zu Tal geschwemmt wurde. An der Stelle, an der, wie eine Informationstafel bestätigt, einmal ein Bauerngehöft stand, teilt sich der Straße. Wir nehmen die linke Straße, von der nach einer langgezogenen Kurve abermals ein Fahrweg abzweigt. Diesmal gehen wir rechts. In insgesamt 45 Minuten Gehzeit sind wir am Almziel der Höllenbachalm angelangt.

Einst war diese Alm ein landwirtschaftliches Anwesen, wie eine Tafel am Gebäude erläutert und wie man dies ja auch an diesem Gebäude erkennen kann. Die Front- und Terrassenseite befindet sich bei diesem Almgebäude an der sonnenabgewandten Seite, also an der Nordseite. Dies ist zumindest im Hochsommer angenehm und vorteilhaft wegen des kühlen Schattens. Während

Höllenbachalm mit Ristfeuchthorn

Blühender Seidelbast

der Weidezeit im Frühsommer bis Herbst kann man hier einkehren. Es gibt Speck- und Wurstbrote, selbstgemachten Käse sowie frische Milch, Kaffee und selbstgebackene Kuchen. Der Blick von der Terrasse ist großartig, man erblickt das Staufen- und Zwieselmassiv, sogar das Schutzhaus auf dem Hochstaufen, das Reichenhaller Haus das wie ein Adlerhorst am Gipfelkamm thront, ist gut auszumachen. Von der Almrückseite hat man das 1569 Meter hohe Ristfeuchthorn im Blickfeld.

Für den Rückweg, damit man nicht dieselbe Strecke wieder zurückgehen braucht, empfiehlt sich der Weg um den Schadlosberg herum. Man steigt über das steile Almgehänge hinauf zum Wald, wo der Blick zum ostseitigen Predigtstuhl und zum dortigen Berghaus frei wird. An der höchsten Stelle im Wald teilt sich der Weg, wir folgen nun immer der Markierung und der Beschilderung nach Weißbach. Bald stoßen wir auf einen befestigten Fahrweg, eventuell ist es die alte Salzstraße, die einst oberhalb der Alpenstraße verlief. Kurz vor Weißbach, das wir an einer Waldlichtung erblicken können, treffen wir auf den Salinenweg, der von Berchtesgaden bis Traunstein an der ehemaligen Soleleitung entlang führt und dem wir folgen. Im Juni/Juli ist diese Strecke oft mit hunderten von Alpenveilchenblüten übersät. Nach ca. 90 Minuten Gehzeit ab der Höllenbachalm sind wir wieder am Ausgangspunkt an der Alpenstraße unweit vom Mauthäusl angelangt.

Kurzinfo Höllenbachalm

Ort:
Weißbach an der Alpenstraße
Ausgangspunkt:
Parkplatz unweit vom Mauthäusl an der Alpenstraße
Weglänge: Parkplatz - Höllenbachalm 45 oder 90 Minuten
Gipfel: Höllenbachalm - Zwiesel (1782 m) 2 - 3 Stunden
Einkehrmöglichkeiten:
Gasthaus Mauthäusl und im Sommer auf der Höllenbachalm und auf der Zwieselalm

Unter den Südwänden des Berchtesgadener Hochthrons

Almtour von Ettenberg zum Scheiben- und Zehnkaser

Auf die Almen unter den Untersbergwänden führen mehrere Wege und Steige. Von Hallthurm kann man über das Nierntal und über den Reisenkaser zum Zehnkaser gehen oder man nimmt den Weg über den Vierkaser am Hirschangerkopf vorbei, den man auch als Reichenhaller Hochthron bezeichnet. Man geht bei diesen Routen zum Zehnkaser schon an die drei Stunden und von dort zum Scheibenkaser nochmals gut eine Stunde.

Jene Strecke, die wir zu diesen Almzielen wählen, ist etwas kürzer. Wir fahren mit dem Auto von Marktschellenberg nach Ettenberg, wo wir im Wald in der Nähe von Neuhäusl das Auto abstellen können. Zeit zur Besichtigung der Wallfahrtskirche in Ettenberg und eventuell für eine Einkehr ins Ausflugsgasthaus Messnerwirt bleibt uns vielleicht noch nach der Rückkehr dieser Almtour.

Die Sennerin Stefani vom Lusabethkaser serviert die gute Almmilch

Vorerst geht es vom Parkplatz auf einem Forstweg weiter, dann auf dem

Zehnkaseralm am Untersberg

Almhütte am Zehnkaser

Alpenvereinsweg Nr. 466 im Wald stetig aufwärts. Erst kurz vor dem Almfeld des Scheibenkasers, nach gut 90 Minuten Gehzeit und 670 Metern Höhenunterschied lichtet sich der Wald. Eine unbeschreiblich schöne Almlandschaft tut sich vor dem Hintergrund der steilen Untersberg Südwand und der Wandflucht des Berchtesgadener Hochthrons auf. Die Bergwelt mit Hagengebirge, Hochkönig, Steinernes Meer, Watzmann und Hochkalter reiht sich wie eine Panorama-Bildwand auf.

Der urige Scheibenkaser ist eine holzschindelverkleidete Almhütte mit niedrigem Dach. Zur Zeit des Weidebetriebes, das ist im Frühsommer und Herbst der Fall, da es sich ja hierbei um eine Niederalm handelt, ist die Hütte zu einer Einkehr für Bergwanderer geöffnet. Man erhält spezielle Almbrotzeiten. Im Hochsommer zieht die Sennerin mit

Scheibenkaser am Untersberg, links der Watzmann

Lusabethkaser am Untersberg, im Hintergrund die Staufengruppe

ihrer Rinderherde dann zur 90 Minuten entfernten Hochalm, zum Lusabethkaser auf der Zehnkaseralm. Einmal standen hier heroben tatsächlich zehn Almhütten, jetzt sind es bedeutend weniger. Während der Almzeit im Hochsommer gibt es im Lusabethkaser die guten Almbrotzeiten mit Käse und frische Milch für den Durst.

Auch wir gehen über diesen Viehtriebsweg hinüber zu den Zehnkaserhütten. Am sogenannten Leiterl kreuzen wir den Stöhrweg, der von Maria Gern herauf kommt und dann weiter zum Stöhrhaus und zum Berchtesgadener Hochthron führt. Von hier bis zum Gipfelkreuz des Hochthrons darf man nochmals eine Gehzeit von 90 Minuten einplanen. Am Leiterl bietet sich eine grandiose Fernsicht nach Süden.

In fünf Minuten ab dem Leiterl haben wir den Lusabethkaser auch

Verfallene Vierkaseralm am Untersberg

In Winkl wird zum Erntedankfest die Kirche mit dem Schmuck des Almabtriebs und einer Miniatur Almhütte geschmückt

Kurzinfo Zehn-, Scheiben-, Vier- und Reisenkaser

Ort: Marktschellenberg
Ausgangspunkt:
Parkplatz im Wald nahe Neuhäusl/Ettenberg
Weglänge:
Parkplatz Neuhäusl - Scheibenkaser 1,5 Stunden, Scheibenkaser - Zehnkaser (Lusabethkaser) 1,5 Stunden, Lusabethkaser - übrige Zehnkaserhütten ca. 30 Minuten, Lusabethkaser - Vierkaser 90 - 120 Minuten, Lusabethkaser - Reisenkaser (Forstdiensthütte) 20 Minuten
Berg- und Gipfeltour: Lusabethkaser - Störhaus 45 - 60 Minuten, Stöhrhaus - Berchtesgadener Hochthron (1972 m) 30 Minuten
Einkehrmöglichkeiten:
Mesnerwirt in Ettenberg, Stöhrhaus auf dem Untersberg von Juni - September, Lusabethkaser (Hochalm) im Hochsommer Juli/August, Scheibenkaser (Niederalm) im Frühjahr und Herbst

schon erreicht, unsere Einkehralm. Er ist einer von mehreren, verstreut liegenden Kasern auf dieser Höhenlage, die gar nicht leicht zu finden sind. Wie der Name schon sagt, standen hier einst zehn Hütten und bei der nördlich gelegenen Vierkaseralm, die bereits auf österreichischem Gebiet liegen, zählte man vier Hütten. Sie sind jedoch bereits verfallen wie auch die ehemalige Almhütte des Reisenkaser, auf dessen Almfläche noch eine idyllische, holzschindelverkleidete Forsthütte am westlichen Abhang steht. Verfallen sind in den Almgebieten des Untersberges auch der Gruben- und Karkaser sowie der Mitterkaser und die ehemalige Kienbergalm.

Almziele auf dem 1333 Meter hohen Teisenberg

Über die Bäckeralm zur Stoißer Alm

Man fährt mit dem Auto oder mit dem Fahrrad von Inzell nach Adlgaß. Kurz vor dieser kleinen Ansiedlung zweigt links von der Teerstraße ein Fahrweg ab, der sich schon bald teilt. Man kann, nachdem man das Fahrzeug an dem vorhandenen Parkplatz abgestellt hat, den Weg mit der Nummer 29 nehmen und auch den linken, der die Nummer 26 führt. Auf beiden gelangt man durch lange Waldstrecken mit gelegentlichen Ausblicken zur im Sommer bewirtschafteten Bäckeralm. Ungefähr 90 Minuten ist man auf der rechts abzweigenden Wegstrecke zuerst auf einer Fahrstraße und später auf einem Steig unterwegs. Etwas länger ist der Weg mit der Nummer 26, dafür aber bequemer, da er auf einer gut ausgebauten Forststraße verläuft. Wo sich der Weg Nr. 26 mit jenem mit der der Nr. 29 vereinigt, muss man scharf rechts gehen. Geradeaus weiter würde man

Silberdistel

Bäckeralm am Teisenberg

zur Brenneralm kommen, die jedoch unbewirtschaftet und daher nicht so interressant für uns ist.
An der idyllisch gelegenen Bäckeralm bekommt man spezielle Almbrotzeiten und Milch während des Almbetriebes. Auf hölzernen Sitzgruppen kann man es sich bequem machen. Von der Bäckeralm können konditionsreiche Geher auf dem Steig mit der Nummer 27 zur Stoißeralm auf den 1333 Meter hohen Teisenberg aufsteigen. Hier handelt es sich ebenfalls um eine Alm mit Gästebewirtung. Der Blick reicht von hier über die gesamte Hochstaufengruppe. Eine kleine Bergkapelle und ein Gipfelkreuz, vor denen im Sommer mehrmals Berggottesdienste abgehalten werden, krönen die aussichtsreiche Anhöhe des zum Großteil bewaldeten Teisenberges.
Von der Bäckeralm, von der der Blick auf Rauschberg, Kienberg und Sonntagshorn gleitet, müssen bis zur Stoißeralm nochmals gut 90 Minuten Gehzeit eingeplant werden. Ein etwas kürzerer Weg zu dieser Alm führt vom Weiler Feilenreut hierher. Dazu muss man zwischen Hammer und Siegsdorf bei Frauenstätt nach Riedl abbiegen und dann bei Feilenreut am Waldparkplatz losgehen. Der weißroten Markierung folgend kommt man nahe am Kleinen und Großen Kachelstein und in der Nähe der Hubertushütte vorüber und bald darauf an diesem Almziel an.

Kurzinfo
Bäcker- und Stoißeralm

Ort: Inzell
Ausgangspunkt: Parkplatz am Waldrand bei Adlgaß
Weglänge:
Adlgaß - Bäckeralm 1,5 Stunden, Bäckeralm - Stoißeralm ebenfalls an die 1,5 Stunden
Gipfeltour:
Stoißeralm - Teisenberg (1272 m) ca. 20 Minuten
Einkehrmöglichkeiten:
Forsthaus Adlgaß sowie Bäcker- und Stoißeralm im Sommer während der Almzeit

Hoch über den Dächern von Bad Reichenhall

Die Padinger Alm und das Reichenhaller Haus sind beliebte Bergziele

Auf einer Hochterrasse am Südhang des Hochstaufen präsentiert sich die Padinger Alm. Einst sollen hier heroben Ziegen geweidet haben, heute jedoch ist diese ehemalige Alm eine gut besuchte und beliebte Berggaststätte. Zu ihr gelangt man vom Reichenhaller Ortsteil Nonn aus auf einer schmalen Serpentinenstraße in gut einer Stunde. Wiesenflächen, die einst almwirtschaftlich genutzt wurden, soll es auch am oberen Südhang vor dem Felsenmassiv des Hochstaufen gegeben haben, die Flurnamen »Buchmahd« und »Bartlmahd« deuten darauf hin. Die Nachsilbe »mahd« verrät ja, dass es sich um einstige Grasflächen handelt, die nicht abgeweidet, sondern mit der Sense gemäht wurden. Anschließend hat man das Heu getrocknet, geheut also, in Heustadeln gelagert und dann meist im Winter bei guter Schneelage mit sogenannten Ziehschlitten ins Tal befördert zu den Bauernhöfen.

Wer von der Padinger Alm höher hinauf will, dem ist die Bergtour auf den Hochstaufen zu empfehlen. In 2,5 Stunden Gehzeit schafft man diesen aussichtsreichen Berggipfel. Der einfachste und bequemste Weg dort hinauf führt über die Bartlmahd, steiler, ausgesetzter und auch etwas kürzer ist dagegen der Steig über die Buchmahd und die Steinernen Jäger. Es handelt sich hierbei um einen Klettersteig, der nur für schwindelfreie und geübte Geher geeignet ist. Die markanten Felsen mit dem seltsamen Namen Steinerne Jäger verdanken ihre Bezeich-

Padinger Alm bei Bad Reichenhall

Enzian

nung einer Sage. Zwei Jäger, die hier heroben auf der Gamspirsch waren, sollen, während in St. Zeno die Glocken zur Wandlung läuteten, wegen ihrer gotteslästerlichen Sprüche in Felsen verwandelt worden sein.
Kurz unterhalb des Hochstaufengipfels, auf dem ein schmuckes Bergkreuz steht, lädt an einer kühnen Felsnase neben einer Kapelle das Reichenhaller Haus zu einer Einkehr ein. Man hat hier auf der Terrasse einen wunderbaren Blick hinab auf die Stadt Bad Reichenhall mit seinem Häusermeer und hinüber zum Untersberg und zum Lattengebirge.

Kurzinfo Padinger Alm und Reichenhaller Haus

Ort: Bad Reichenhall
Ausgangspunkt: Ortsteil Nonn
Weglänge: Nonn - Padinger Alm 1,5 Stunden oder mit dem Auto zum Waldparkplatz an der Padinger Alm, Waldparkplatz - Padinger Alm 15 Minuten
Gipfeltour: Padinger Alm - Hochstaufen (1771 m) 2 - 3 Stunden
Einkehrmöglichkeiten:
Padinger Alm und im Sommer das Reichenhaller Haus auf dem Hochstaufen

Zwischen Saalachsee und Predigtstuhl

Auf dem Waxriessteig zur Schlegelalm und Schlegelmulde

Der Weg zur Schlegelalm und Schlegelmulde ist über das Waxries sehr romantisch und an seinem oberen Teil auch sehr aussichtsreich, doch er zieht sich in die Länge. Bis zur Schlegelmulde muss man schon an die drei Stunden Gehzeit rechnen. Wir stellen das Auto am besten am Saalachsee oder am Parkplatz neben der Loferer Straße ab. Hier beginnt der Aufstieg über die Nordwestseite des Lattengebirges, der sich als Steig in zahlreichen Serpentinen und mehreren, leichten Kletterpassagen in die Höhe windet. Wo der Steig in die Felsen übergeht, wird er aussichtsreicher mit Tiefblicken auf Bad Reichenhall und seinen Vororten sowie in das Saalachtal und auf das Hochstaufenmassiv. Am Waxriesgatterl (1266 m) ist schließlich die Hochfläche des Lattengebirges schon ziemlich erreicht.

Nach der felsigen Nordwestseite geht der Weg auf ein liebliches Almengebiet über. Kurz vor der unteren Schlegelalm, die unbewirtschaftet ist, mündet der Weg von der Rötelbachalm (nur mehr eine Forstdiensthütte) in unseren Weg ein. Wir halten uns nun bei den nächsten drei Abzweigungen links, rechts oder besser gesagt geradeaus würden wir zur Rötelbach-, Dalsen- und Moosenalm und auch zur Anthauptenalm kommen. Bei der nächsten Wegkreuzung können wir überlegen, gehen wir den linken Weg zur Predigtstuhl Bergstation und zum Berghotel oder rechts zur Alm in der Schlegelmulde. Dort am Rasthaus Schlegelmulde erwartet uns eine zünftige Einkehrstät-

Das Rasthaus Schlegelmulde

Blühende »Butterkugeln« (Trollblumen) auf der Schlegelalm

te mit guter Bewirtung. Einkehren kann man selbstverständlich auch im nahen Predigtstuhlhotel.

Nach erreichen dieser Ziele und nach einer Rast und Stärkung in einer dieser Einkehrstätten können unternehmensfreudige Wanderer mehrere, kreuzbekrönte Lattengebirgsgipfel erklimmen. Neben dem nahen Predigtstuhlgipfel (1607 m, 20 Minuten) ist auch der 1688 Meter hohe Hochschlegel (45 - 60 Minuten) nicht allzuweit entfernt. Von hier führen Latschengassen in etwa einer Stunde zum 1739 Meter hohen Karkopf mit schönem Ausblick und zum ehemaligen Länderberg Dreisesselberg (1680 m). Dieser Bergname erinnert an drei einstige Ländergrenzen. Die damals noch bestehende Fürstpropstei Berchtesgaden grenzte bis zur Säkularisation im Jahre 1803 an Bayern und Österreich.

Wer den weiten Weg nicht mehr vollständig zu Fuß zurücklegen will, dem bietet sich ab dem Predigtstuhlgasthaus eine bequemere Möglichkeit an, um ins Tal und zum Ausgangspunkt zu gelangen. Die Predigtstuhl Kabinenbahn bringt ja den ganzen Sommer und auch im Winter bergbegeisterte Wanderer auf den Berg und ins Tal.

Kurzinfo Schlegelalm und Schlegelmulde

Ort: Bad Reichenhall
Ausgangspunkt:
Parkplatz am Saalachsee
Weglänge:
Parkplatz über Waxriessteig-Schlegelalm 2 Stunden, Schlegelalm - Schlegelmulde 1 - 1,5 Stunden, Schlegelalm - Rötelbachalm ca. 60 Minuten
Gipfeltouren:
Schlegelmulde - Predigtstuhl 30 Minuten, Schlegelmulde - Hochschlegel 45 Minuten, Schlegelmulde - Karkopf 90 Minuten, Schlegelmulde - Dreisesselberg ungefähr 90 Minuten
Einkehrmöglichkeiten:
Seegaststätte Saalachsee, Predigtstuhlhotel und im Sommer die Almgaststätte Schlegelmulde

Zwei Almen und drei Bergspitzen

Steige führen von der Zwieselalm zur Kohleralm

Der Weißbacher Ortsteil Jochberg ist der günstigste und vielleicht auch der kürzeste Anstiegsweg auf die Zwieselalm am gleichnamigen Berg des Hochstaufenmassives. Am Waldrand befindet sich ein Parkplatz zum Abstellen des Fahrzeuges.

Wildes Alpenveilchen

Hier wird auch losmarschiert, immer durch Mischwald und stetig bergan. Nach etwa 1,5 Stunden ist unser erstes Ziel schon erreicht, die malerische mit grün gestrichenen Fensterläden und Balkon versehene Zwieselalm. Dahinter befindet sich das Kaiser Wilhelm Haus, ein Unterkunftshaus für Bergtourengeher.

An der Zwieselalm, die heute nur mehr eine bewirtschaftete Berghütte ohne Almweidebetrieb ist, dürfen Hunger und Durst schon sehr groß sein, schließlich kann man hier einkehren und ausgiebig Brotzeitmachen. Bei schönem Wetter sitzt man natürlich im Freien vor der Giebelseite der Almhütte. Der Ausblick von hier schließt den Reichenhaller Talkessel ein mit Untersberg im Hintergrund, Göll, Watzmann, Hochkalter und Ristfeuchthorn.

Das zweite Ziel ist die Kohleralm,

Zwieselalm und Kaiser Wilhelmhaus

eine Hochalm mit Weidebetrieb im Hochsommer. Sie ist etwa eine Stunde von der Zwieselalm entfernt, gehört jedoch schon zum Landkreis Traunstein. Wir gehen ab der Zwieselalm links an der Hangkante des Zwiesel und Gamsknogel entlang. Weitaus interessanter, aber um 1,5 - 2 Stunden länger und auch anstrengender ist der Steig über die Gratfläche des Zwieselmassives. Man kommt bei dieser »von Alm zu Alm Tour« an den drei Zwieselgipfeln vorüber, am Zenokopf (1756 m), zu dem man den Hauptweg ein Stück verlassen muss, am Zwiesel mit 1781 Metern und am 1750 Metern hohen Gamsknogel. Von dort führt ein gesicherter Steig hinab zur Kohleralm. Falls man diesen aussichtsreichen Gipfelweg gewählt hat, empfiehlt sich als Rückweg der kürzere Hangweg zurück zur Zwieselalm und von dort hinab zum Parkplatz in Jochberg. Man kann von der Kohleralm natürlich auch nach Adlgaß absteigen, doch bräuchte man ab hier eine Fahrgelegenheit zurück nach Jochberg.

Kurzinfo
Zwiesel- und Kohleralm

Ort: Inzell
Ausgangspunkt:
Ortsteil Jochberg
Weglänge: Parkplatz am Waldrand in Jochberg - Zwieselalm 1,5 - 2 Stunden, Zwieselalm - Kohleralm 1 - 1,5 Stunden
Gipfeltour:
Zwieselalm - Zenokopf 45 - 60 Minuten, Zenokopf - Zwiesel ca. 30 - 60 Minuten, Zwiesel - Gamsknogel 60 Minuten
Einkehrmöglichkeiten:
Durchgehend im Sommer die Zwieselalm

Im Schatten des Hochstaufen

Über den Frillensee zur Steineralm

Von Inzell aus windet sich eine öffentliche Teerstraße in wenigen Kilometern hinauf zum Forsthaus Adlgaß. Dort beginnt unsere Wanderung, die uns über den Frillensee zur Steineralm leitet. Ab dem Parkplatz unterhalb der Ausflugsgaststätte Forsthaus Adlgaß wandern wir auf einer Forststraße im Wald leicht ansteigend dahin. Bald kommt eine Abzweigung nach rechts, in die wir einbiegen. Wir erreichen schon bald den Frillenseebach, der uns durch sein angenehmes Plätschern und Rauschen unterhält. Kurze Zeit später mündet der Erlebnisweg, vom Forsthaus Adlgaß ausgehend, in unseren Weg ein. Die Stationen dieses Erlebnispfades sind mit interressanten Informations- und Spruchtafeln sowie Überraschungsstellen versehen und machen das Gehen kurzweiliger. Man kann zum Beispiel hier erfahren, dass eine Handvoll humoser Waldboden soviele Lebewesen birgt, wie Menschen auf der Erde leben.

Nach etwa 30 Minuten Gehzeit gelangen wir auf eine breite Forststraße, wir verlassen nun den Frillenseebach und folgen ihr links. Von dem Wanderwegschild, das hier nach Adlgaß weist, lassen wir uns nicht beirren. Nach wenigen Metern schon zeigt uns ein Wegweiser rechts zur Steineralm und zum

Steineralm zwischen Piding und Inzell

Motiv von der Steineralm

Hochstaufen, dieser Strecke folgen wir. Wieder ist ein Fahrweg auch unser Wanderweg. Leicht ansteigend geht es dahin, bis schließlich ein mäßig steiler Anstieg auf eine Höhe führt, von der aus uns schon das Almgelände der Steineralm zu Füßen liegt. Wir lassen uns auf einer der beiden Bänke nieder und genießen den Blick über die Almniederung zum mächtigen Felsklotz des Hochstaufen. Die Hütte ist von hier aus noch nicht sichtbar, sie liegt versteckt direkt unter uns. Nur die etwas weiter entferntere Kochalm, die schon dem Verfall nahe ist, können wir erhaschen und ebenso die Bergkapelle der Steineralm.

Die den ganzen Sommer bewirtschaftete Steineralm ist unser Einkehrziel. Wir lassen uns im schattigen Biergarten nieder und holen uns eine Almbrotzeit. Bei diesem Kaser herrscht Selbstbedienung wie bei

Steineralm mit Hochstaufen

vielen anderen Almen auch. Die massige, zum Großteil aus Holz bestehende Almhütte hat im Gegensatz zu anderen Almkasern ein steiles, tiefneigendes Dach. Auch die am Rande der Sitzplätze sich befindliche Kapelle, vor der jeden Pfingstmontag ein Berggottesdienst abgehalten wird, gehört zu dieser Alm.

Da wir auf dem Rückweg den Frillensee in unsere Wandertour noch miteinbeziehen möchten, müssen wir nun eine andere Richtung einschlagen. Nicht auf der Almstraße gehen wir weiter, sie würde uns nach Mauthausen und Piding leiten, wir nehmen den Weg über die Almwiese rechts in den Wald, der bald zügig ansteigt. Beim sogenannten »Bayerischen Stiegl«, jener Stelle einer ehemaligen Flurgrenze, verlief fast 600 Jahre lang, von 1257-1816 die Landesgrenze zwischen dem Königreich Bayern und dem Erzbistum Salzburg. Eine Tafel an dieser Stelle macht darauf aufmerksam. Nach einer kurzen Strecke auf einer Fahrstraße verrät uns ein Wegweiser, dass wir nun links in einen Steig einbiegen müssen. Nach etwa 45 Minuten ab der Steineralm gelangen wir am Seegestade des Frillensees an. Über dieses Gewässer ist zu sagen, dass es sich um den kältesten See Deutschlands handeln soll. Bis zum Bau des Eislaufstadions in Inzell wurden hier die Eisstockmeisterschaften ausgetragen, denn dieser See ist oft monatelang mit einer tragenden Eisschicht bedeckt. In seiner Wasserfläche spiegelt sich bei klarem Wetter zauberhaft die Hochstaufensilhouette.

Nachdem wir am See einige Zeit verweilt haben, steht uns noch der Rückweg bevor. Doch auch diesen haben wir in einer halben Stunde Gehzeit hinter uns. Nun besteht noch die Möglichkeit, uns im Biergarten des Forstgasthauses in Adlgaß nieder zu lassen und vor der Heimfahrt den Hunger und den Durst zu stillen.

Kurzinfo Steineralm

Ort: Inzell
Ausgangspunkt:
Forsthaus in Adlgaß
Weglänge:
Parkplatz Adlgaß - Steineralm
2 - 2,5 Stunden, Steineralm - Frillensee 1,5 Stunden,Frillensee - Adlgaß 30 - 45 Minuten
Bergziel:
Steineralm - Hochstaufen
2 -3 Stunden
Einkehrmöglichkeiten:
Forstgaststätte Adlgaß, im Sommer während der Almzeit die Steineralm und während des Sommers das Reichenhaller Haus auf dem 1771 Meter hohen Hochstaufen

Der rauschende Litzlbach ist Begleiter

Wanderung von Weißbach zur idyllischen Reiteralm

Ausgangspunkt für diese Almwanderung auf die Reiteralm ist das südöstliche Ortsende von Weißbach an der Alpenstraße. Dort zweigt von Inzell kommend rechts eine Straße zu einem Wanderparkplatz ab. Der Weg, - man geht vorerst auf einer Forststraße dahin -, führt am rauschenden Litzlbach entlang leicht aufwärts. Bald nach einem romantischen Wasserfall verlassen wir Bach und Straße und biegen rechts in ein Steiglein ein, das uns hangaufwärts führt. Später geht es wieder auf einer Forststraße weiter. Auf ihr schlendern wir nochmals einige Zeit dahin, bis sich plötzlich der Wald auftut und die Almfläche der Reiteralm freigibt.

In wenigen Minuten sind wir an diesem Kaser angelangt. Mit seinem weißen Mauerwerk, dem Balkon, den ein Blumenflor aus rotblühenden Geranien ziert sowie dem steinbeschwerten Holzschindeldach ist er ein Idyll, an dem die Wanderer und Bergfexen nicht ohne weiteres vorbeikommen. Man kann hier bei schönem Wetter gemütlich im Freien sitzen und sich die Brotzeit oder den Kaffee und Kuchen munden lassen. Nach dem gut 90 minütigen Aufstieg hat man sich eine Rast und eine Stärkung wohl verdient.

Da wir noch ein weiteres Ziel vor uns haben, das wir mitnehmen können, die Hientalklause, empfiehlt sich als Rückweg eine andere Route. Wir gehen ab der Alm den Weg in südwestlicher Richtung. Auf ihm sind auch Radfahrer unterwegs, da es sich ja um eine gut ausgebaute Forststraße handelt. Es geht nun an der Sulzenstüberl Forstdiensthütte vorüber und in einer weiten Linkskurve zur Hientalklause, die wir ab

Reiteralpe in Weißbach a.d. Alpenstraße

Motiv auf der Reiteralm

der Reiteralm in knapp 60 Minuten Gehzeit erreichen.

Bereits 1624 soll hier für die Holztrift eine hölzerne Wehranlage mit Staumauer errichtet worden sein. 1798 wurde unter Kurfürst Carl Theodor dieses Holzbalkenwerk durch eine stabile Steinmauer ersetzt, die 1897 nochmals durch eine Vormauer verstärkt wurde. Zur Holztrift (Holzschwemmen in einem Wasserlauf) hat man an der Wehrmauer der Hientalklause das Schleusentor einige Zeit vorher geschlossen, um die Wasser des Hienbaches zum Holzschwemmen darin zu sammeln. Beim Öffnen des Schleusentores am Tag der Holztrift nahmen die Wassermassen das eingeworfene Holz mit ins Tal. Die Hientalklause diente aber auch als Schwenzklause, um die Wasserzufuhr für die weiter unten gelegene Bäckinger Klause zu stärken. Damit war ein schnelleres und längeres Triften zum Weißbach möglich, da ja die Wassermenge doppelt soviel war. Um 1812 sollen bis zu 825 Ster Holz pro Jahr geschlagen und getriftet worden sein. Nach dem Bau der Waldbahn um 1930 durchs vordere Schwarzachental wurde das Holz mit dieser Kleinbahn zu Tal befördert.

Als Rückweg nehmen wir die Straße, auf der auch die Radler und Mountain-Biker von oder nach Weißbach unterwegs sind. Man könnte

Kurzinfo Reiteralm

Ort: Weißbach an der Alpenstraße

Ausgangspunkt:
südöstliches Ortsende

Weglänge:
Weißbach - Reiteralm 1,5 - 2 Stunden, Reiteralm - Hientalklause 1 Stunde, Hientalklause - Weißbach 60 - 90 Minuten

Gipfelziel:
Weißbach - Ristfeuchthorn (1569 m) 3 - 3,5 Stunden

Einkehrmöglichkeiten:
Gasthäuser in Weißbach, Reiter- und Sellarnalm während der Almzeit im Sommer

natürlich ab der Hientalklause auch links gehen und die Kaitl- sowie die Bichler- und die Harbachalm noch miteinplanen. Doch dieser Weg zieht sich in die Länge und fordert zusätzliche Kondition und Ausdauer. Auf dem Weg rechts gelangen wir auf dem kürzesten Weg in etwa einer Stunde ins Weißbachtal. Jedoch muss man, da man ja am nordwestlichen Ortsrand ankommt, noch den ganzen Ort durchwandern, um zu unserem Parkplatz am gegenüberliegenden Ortsende und zu unserem Ausgangspunkt zu kommen.

Wasserfall am Weg zur Reiteralm

Auf der Waldbahntrasse zur Bäckinger Klause

Im vorderen Schwarzachental kann man mehrere Almen erwandern

Am nordwestlichen Ortseingang von Weißbach an der Alpenstraße beginnt rechts der Durchgangsstraße der Weg zur Harbach- und Bichleralm. Das Auto kann man an den Parkplätzen in der Nähe der Reiterbrücke oder beim Verkehrsamt abstellen. Nach überqueren des Weißbaches geht es rechts an diesem Wasserlauf noch ein Stück entlang, dann wendet sich unser Weg in die linke Richtung. Bald schon ist man dann auf der Trasse der ehemaligen Waldbahn, die hier das Holz zwischen 1930 bis 1958 durch die Schwarzachenklamm aus den Bergwäldern zu Tal förderte. Infotafeln entlang dieses interessanten Weges geben Auskunft über diese frühere Holzbeförderung.

Almschmuck an der Bichleralm

Doch bevor diese Kleinbahn um 1930 den Holztransport übernahm, wurde dieser Rohstoff von der Hiental- und der Bäckinger Klause aus auf dem Wasser der Schwarzachen ins Tal befördert. Man sagt dazu getriftet. Hat man etwa 45 Minuten Gehzeit hinter sich, steht man plötzlich vor den Anlagen einer solchen Klause. Die Bäckinger Klause ist noch gut erhalten und man kann sich beim betrachten den Holztransport von damals systematisch vorstellen. Auch durch eine Informationstafel wird man auf diese einstige Holzbeförderung hingewiesen.

Nach weiteren 15 Minuten Gehzeit ist man an der ersten Alm im vorderen Schwarzachental angelangt, an der

Harbachalm bei Weißbach a.d. Alpenstraße

Almfest auf der Bichleralm

Harbachalm. Bei dieser urigen, hölzernen Almhütte kann man während der sommerlichen Almzeit einkehren und sich eine Almbrotzeit bestellen. Nach abermals 15 Minuten Gehdauer ist auch die Bichleralm schon in Sicht, ebenfalls ein zur Weidesaison bewirtschafteter Almkaser. Seit 1345 besteht diese Alm schon, eine Inschrift an der alten Almhütte bezeugt dies.

Hängt man nochmals eine halbe bis eine volle Stunde Wanderzeit an, könnte man auch noch die gut beschilderten Wegverbindungen zur Reiteralm miteinbeziehen, zur Hientalklause wandern oder gar zur Kaitlalm im hinteren Schwarzachental. Dieser Kaser wird bereits im Jahre 1290 schon erwähnt. Auf einer Tafel an der Außenwand dieser Hütte findet man dies durch folgende Worte bestätigt: »Anno Domino 1290 verlieh das erzbischöfliche Domkapitel zu Salzburg Dem Kaitlbauern Die Alpe am Stein«. In den Jahren 1594, 1749 und 1952 erfolgte durch die jeweiligen Besitzer des Kaitlhofes der Um- und Neubau dieser Alm. Wegverbindungen führen von der Kaitlalm auch zur Schwarzachenalm und nach Laubau bei Ruhpolding oder über die Kienbergalm zum Rauschberg (1645 m) oder Kienberg (1603 m). Da es sich beim Weg durchs Schwarzachental teilweise um Forststraßen handelt, ist hier auch ein beschränkter »Radlerverkehr« möglich.

Kurzinfo
Harbach-, Bichler-, Reiter- und Kaitlalm

Ort: Weißbach an der Alpenstraße
Ausgangspunkt:
Parkplatz am nordwestlichen Ortseingang in Weißbach
Weglänge: Weißbach - Harbachalm 60 Minuten, Harbachalm - Bichleralm 30 Minuten, Bichleralm - Kaitlalm 1 Stunde, Bichleralm - Reiteralm 60 - 90 Minuten
Gipfelziel:
Kaitlalm - Rauschberg (1645 m)
2 - 2,5 Stunden
Einkehrmöglichkeiten:
Gasthäuser in Weißbach und zur Almzeit auf der Harbach-, Bichler-, Reiter- und Kaitlalm

Ehemalige Almen und Kaser im Berchtesgadener Land

Im Landkreis Berchtesgadener Land gibt es noch immer Dutzende von Almen, auf die im Sommer Vieh aufgetrieben wird, belegte oder bestoßene Almen also. Schaut man in ältere Land- oder Wanderkarten, so findet man in diesen eine noch weitaus größere Anzahl von Almen und Kasern eingetragen. Doch bei vielen dieser Almen handelt es sich um bereits oder schon seit längerer Zeit aufgegebene Bergweiden, auf denen schon lang keine Rinder mehr weiden. In Klammern ist bei diesen oftmals die Bemerkung »verfallen« beigefügt. Diese Almen wurden also dem Schicksal überlassen und sind mit der Zeit verfallen.

Vielleicht hat der schlechte Zufahrtsweg oder die weite Entfernung vom Gehöft zu der Aufgabe dieser Almen beigetragen. Bei manchen dieser Almen wurden die Hütten auch zweckentfremdet. Teils verblieben sie beim Staatsforst wie zum Beispiel bei der Ligeretalm oder man funktionierte sie zu einer Berggastwirtschaft um, wie dies beim Ahornkaser, bei der Wimbachgrießhütte, bei der Scharitzkehlalm und noch anderen Almen der Fall ist.
Ich will an dieser Stelle jene Almen und Kaser erwähnen, soweit mir dies möglich ist, die heute nur mehr namentlich, also nur mehr durch ihren Namen existieren. Damit soll die Erinnerung auch an diese oft weit entfernten und abseits der Hofstellen gelegenen Almweiden erhalten bleiben.

Frühere Almen und Kaser

Untersberg: Reisenkaser (verfallen), Vierkaser (verfallen), Grubenkaser (verfallen), Karkaser (verfallen), Mitterkaser, Kienbergalm, Karalm, Oberkaser, Sandkaser.

Roßfeld: Roßfeldalm (heute auch Skihütte), obere Ahornalm (Berggaststätte), Leithenalm.

Hagengebirge: Kehlsteinalm (verfallen), Ligeretalm (Forstbesitz), Scharitzkehlalm (Berggaststätte), Ofneralm, Rotspielalm, Fagsteinalm, Roßfeldalm (verfallen), Hohes Laafeld (aufgegeben), Kauneralm, Seeaualm, Kahlersbergalm (verfallen), Mitterhüttenalm (verfallen), Landtalalm (verfallen), Bärensunkalm (verfallen), Kesselalm (Hütte an der Königssee Schiffshaltestelle), Ronneralm, Kuhscheibe, Mitterhütte, Schönbichlalm.

Röth: Hanauerlaubalm (verfallen), untere und obere Röthalm (verfallen), Schabaualm (verfallen), Wasseralm (Unterkunftshütte für Berg- und Tourengeher), Neuhüttalm (verfallen), vordere und hintere Wildalm (verfallen), Walchhüttenalm (verfallen), Kronalalm (verfallen), Bärwiesalm, Häuslalm, Sonntagalm, Hocheckalm, vordere und hintere Schlumalm, Hieflalm, Seealm.

Steineres Meer: Halsalm (verfallen), Sagereckalm (verfallen), Grünseealm (verfallen), Dimetsbergalm (verfallen), Neuhüttenalm (verfallen), Unter- und Oberlahneralm (verfallen), Hirtenhütte (verfallen), Schrainbachalm (verfallen), Trischübelalm (verfallen), Bärenlochalm (verfallen), Feldalm (verfallen), Funtenseealm (verfallen) Schönbichlalm (verfallen), Hochwiesalm (verfallen), Kar- alm, Kuhscheibe, Mooskaser, Kressenkaser, Rennerkaser, Hanuttenkaser (wurde auf der Bindalm aufgestellt).

Die verfallene Vierkaseralm am Untersberg

Watzmann: Falkensteinalm, Klingeralm, Schüttalm, Guglalm (verfallen), Lahneralm, Griesalm (heute Wimbachgrießhütte).

Hochkalter: Hocheisalm (verfallen), Vorderbergalm, Grubermahd (Mahd: Gras wurde gemäht, geheut und anschließend verfüttert).

Hocheisgruppe: Hocheisalm (verfallen), Vorderbergalm.

Reiteralpe: Keßleralm, Eisbergalm, Schwegelalm, Steinbachalm, Grünangeralm, Schwaigeralm, Lenzenkaser.

Lattengebirge: Rötelbachalm (Forstbesitz), Eckharter Alm, Kiblingalm, Steinbergalm, Törlalm, Kotalm, obere Schlegelalm, Schlegelmulde (Berggaststätte).

Ristfeuchthorn: Steinbachalm, Wurzalm.

Staufenmassiv: Padinger Alm (Berggaststätte), Buch- und Bartlmahd (Mahd=Mähwiese, wurde gemäht und geheut und dann ins Tal gebracht und dort verfüttert).

Nachwort

Ich wünsche Ihnen, liebe Leserinnen und Leser dieses Büchleins ein frohes Wandern auf die in meinem kleinen Almführer beschriebenen Hütten und Kaser und dort eine gesellige Unterhaltung bei einer typischen Almbrotzeit. Sollten in dieser Schrift Angaben entdeckt werden, die heute vielleicht nicht mehr ganz der Richtigkeit entsprechen, so bedenken Sie, dass sich auf dem Gebiet der Almwirtschaft immer wieder und oft auch kurzfristig etwas verändert. Ich bitte in diesem Fall um Verständnis und Nachsicht. Außerdem können auch mir Fehler unterlaufen sein, für die ich mich hiermit entschuldigen möchte, schließlich ist kein Mensch unfehlbar. Für Richtigstellungen, Hinweise und Anregungen wäre ich Ihnen sehr dankbar.

Isidor Mühlberger

Törlkopf

Inhaltsverzeichnis

Inhaltsverzeichnis

Salet-Alm, Röth und Teufelshörner

Das Kärlinger-Haus am Funtensee

Notizen...

Notizen...

Notizen…

Notizen...

Notizen...